Germán Castro Bernal

Incoterms 2020

AF152076

Germán Castro Bernal

Incoterms 2020

Guide pratique des opérations de commerce international

SienciaScripts

Imprint

Any brand names and product names mentioned in this book are subject to trademark, brand or patent protection and are trademarks or registered trademarks of their respective holders. The use of brand names, product names, common names, trade names, product descriptions etc. even without a particular marking in this work is in no way to be construed to mean that such names may be regarded as unrestricted in respect of trademark and brand protection legislation and could thus be used by anyone.

Cover image: www.ingimage.com

This book is a translation from the original published under ISBN 978-620-0-39761-4.

Publisher:
Sciencia Scripts
is a trademark of
Dodo Books Indian Ocean Ltd., member of the OmniScriptum S.R.L Publishing group
str. A.Russo 15, of. 61, Chisinau-2068, Republic of Moldova Europe
Printed at: see last page
ISBN: 978-620-0-93450-5

INCOTERMS® 2020

GUIDE PRATIQUE POUR LES OPÉRATIONS DE COMMERCE INTERNATIONAL

CASTRO BERNAL ALLEMAND

Tout ce que vous devez savoir sur les Incoterms® 2020

Les Incoterms sont les International Commercial Terms, de l'anglais International Commercial Terms, qui sont compressés en INCOTERMS. Ces termes sont élaborés par la Chambre de commerce internationale (CCI) sur la base de la pratique des commerçants et des négociants du monde entier, qui cherchent à homogénéiser leurs contrats, et qui ont publié en 1936 la première édition des règles Incoterms.

Au cours des dernières décennies, il y a toujours eu une révision des règles des Incoterms coïncidant avec la première année de chacune d'entre elles : 1990, 2000, 2010. La dernière version est l'Incoterms 2020.

Les incoterms visent à faciliter le fonctionnement des transactions commerciales internationales et établissent un ensemble de conditions et de règles qui déterminent les droits et les obligations du vendeur et de l'acheteur :

- Le lieu de livraison des marchandises.
- Qui assume les risques de cet achat et dans quelle mesure.
- Par quel moyen de transport les marchandises voyageront.
- S'il existe ou non une obligation d'assurer l'opération et qui en sera responsable.

Incoterms 2020 :

Dans la dernière version 2020, 11 termes sont maintenus, cependant, le terme DAT (Delivered at Terminal) a été remplacé par le terme DPU (Delivered at Place Unloaded).

La CCI a classé les Incoterms en fonction du mode de transport utilisé. Ainsi, le premier groupe comprend 7 Incoterms (EXW, FCA, CPT, CIP, DAP, DPU et DDP) qui peuvent être utilisés quel que soit le mode de transport et s'ils utilisent le transport multimodal. Le deuxième groupe comprend 4 Incoterms (FAS, FOB, CFR et CIF) à utiliser lorsque les marchandises sont transportées par mer.

Il convient de noter que la première lettre de l'abréviation fournit des informations sur l'approche de ce groupe de termes :

- **Les termes commençant par la lettre E (EXW)** indiquent **que** les responsabilités du vendeur sont remplies lorsque les produits sont disponibles pour l'expédition par le transporteur choisi par l'acheteur.
- **Les termes commençant par la lettre F (FCA, FAS et FOB) font** référence aux expéditions pour lesquelles le vendeur ne paie pas le coût principal de l'expédition ou du transport principal.
- **Les termes commençant par la lettre C (CFR, CPT, CIF et CIF) font** référence aux expéditions dans lesquelles le vendeur paie une partie de l'expédition, généralement le transport à l'origine et le transport principal, mais la responsabilité du vendeur prend fin lorsque les produits sont livrés au transporteur quelque part du côté du vendeur.

- **Les termes commençant par la lettre D (DAP, DPU et DDP)** sont des termes de livraison à destination car le vendeur livre quelque part dans le pays de l'acheteur. La responsabilité de l'expéditeur ou du vendeur prend fin lorsque les marchandises atteignent un point prédéfini. Dans ces conditions, le vendeur paie le pré-achat, le transport principal et le transport ultérieur.

Les Incoterms 2020 changent.

Si le nombre d'Incoterms reste le même, il y a quelques changements :

- ☐ **Nouveau terme Incoterms DPU (Delivered Placed Unloaded), qui remplace DAT (Delivered at Terminal)**
Ce changement d'acronyme est un simple changement de nom car les devoirs et les fonctions des deux termes sont exactement les mêmes. Le changement de nom se justifie par le fait que les marchandises peuvent être déchargées non seulement dans un terminal (port, aéroport, quai, gare de conteneurs ou terminal routier, etc.) mais aussi dans tout autre point convenu dans le pays de destination qui dispose d'un équipement permettant de décharger les marchandises du moyen de transport, comme une usine ou un entrepôt.

- ☐ **Modifications des conditions d'assurance Incoterms CIP et CIF**

Dans le cadre des Incoterms CIP, le vendeur est tenu de souscrire une assurance transport au nom de l'acheteur avec une couverture complète, qui correspond à la clause A de l'Institute Cargo Clauses de Londres (IUA/LMA). Toutefois, si les deux parties sont d'accord, elles peuvent convenir de souscrire une assurance offrant une couverture moindre (clause C de l'Institute Cargo Clauses). En revanche, pour le terme Incoterms CIF, le vendeur est seulement obligé de souscrire une assurance avec une couverture minimale, qui correspond à la clause C de l'Institute Cargo Clauses of London (IUA/LMA). De même, en CIF, si les deux parties sont d'accord, elles peuvent convenir de souscrire une assurance qui offre une plus grande couverture (clause A de l'Institute Cargo Clauses).

- ☐ **Changements dans le détail du terme Incoterms FCA**

La version 2020 des Incoterms prévoit la possibilité, en cas de transport maritime, que l'acheteur donne instruction au transporteur (compagnie maritime ou son agent) qu'il a engagé d'émettre un connaissement (B/L) au nom du vendeur avec la mention "à bord", qui indique que les marchandises ont été chargées à bord du navire. Il s'agit du document de transport le plus couramment utilisé dans le cadre des lettres de crédit pour justifier la livraison des marchandises et donc effectuer le paiement au vendeur.

Importance des règles Incoterms :

Les règles des Incoterms sont très utiles car elles simplifient les contrats internationaux avec seulement 3 lettres et un lieu de livraison des marchandises, ce qui permet d'économiser des pages d'obligations pour l'acheteur et le vendeur, et d'éviter les doutes et les complications.

Un grand avantage des Incoterms est qu'ils signifient la même chose dans tous les pays, même aux États-Unis, qui disposaient jusqu'en 2007 du Code commercial uniforme (UCC).

Cependant, il ne faut pas se tromper, car avec tous les Incoterms ne remplacent pas le contrat de vente, mais le précisent seulement dans les aspects essentiels.

Le transfert de propriété n'est pas décidé dans les Incoterms utilisés mais dans le droit applicable à la transaction. Par exemple, dans certains systèmes juridiques comme le droit français ou anglais, un titre ou un document suffit pour transférer la propriété, dans d'autres comme le droit espagnol, un titre et un mode sont requis, c'est-à-dire qu'il ne suffit pas d'avoir une justification de la propriété, mais la possession de la propriété est également requise.

En conclusion, les règles des Incoterms sont des usages commerciaux internationaux, mondiaux, codifiés par la Chambre de commerce internationale.

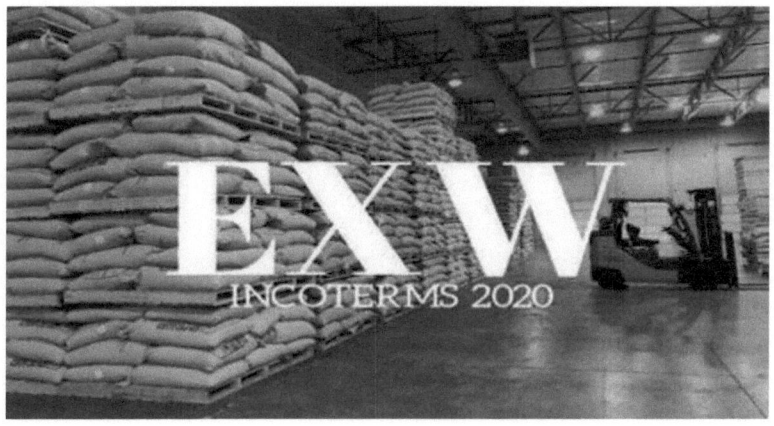

Le terme EXW signifie "*Ex* Works". Dans une opération de vente et d'achat sous le terme EXW, le vendeur livre les marchandises lorsqu'il les a à la disposition de l'acheteur, en dehors des locaux du vendeur, ou dans un autre lieu convenu (atelier, usine, entrepôt, etc.) ; sans les expédier à l'exportation ni les charger sur un véhicule de transport.

EXW représente l'obligation minimale pour la société vendeuse. Ce terme est donc recommandé pour les transactions nationales.

Les fonctionnalités des Incoterms EXW :

- **Type de transport :** Tout moyen de transport, y compris multimodal (conteneurs)
- **Lieu de livraison :** dans les locaux du vendeur (usine, entrepôt, atelier, etc.)

- **Situation des marchandises (chargement/déchargement) :** Dûment emballées et contrôlées, prêtes à être chargées sur le premier moyen de transport (généralement un camion).
- **Document de livraison :** Document de retrait auprès du premier transporteur ou documents équivalents.
- **Type de cargaison :** Tout type de cargaison, à l'exception du vrac et des gros chargements.
- **Location du transport principal :** Acheteur.
- **Souscription d'**une **assurance transport :** il n'y a aucune obligation pour l'une ou l'autre des parties. Toutefois, il est conseillé à l'acheteur de souscrire une assurance, car c'est lui qui assume le risque dans le transport international.

- **Transfert des risques du vendeur à l'acheteur :** au moment de la livraison, avant que les marchandises ne soient chargées sur le premier moyen de transport, dans les locaux du vendeur.
- **Inspection avant expédition :** Acheteur.
- **Autorisation d'exportation :** Acheteur.
- **Dédouanement à l'importation :** Acheteur.
- **Moyens de paiement à utiliser :** simples (virement, ordre de paiement, chèque, etc.)

Incoterms EXW obligations des parties.

Vendeur :

- Aviser l'acheteur que les marchandises sont prêtes à être enlevées
- Assumer le coût de la vérification, du contrôle de qualité, de la mesure, du pesage, du comptage, de l'emballage des produits, du marquage, entre autres, jusqu'à ce que les marchandises soient correctement conditionnées pour pouvoir commencer le transit international.
- Pour livrer les marchandises dans le délai convenu, le vendeur n'est pas tenu de charger les marchandises sur un véhicule ou un moyen de transport de collecte.
  - Fournir une facture commerciale et une liste de colisage, ou un document électronique équivalent, et produire une preuve de conformité ou une preuve de livraison
  - Fournir des documents locaux supplémentaires ou complémentaires pour l'exportation des biens [le cas échéant]

Acheteur :

- Allez ou envoyez votre destinataire chercher les marchandises à l'heure convenue.
- Vérifier les marchandises, et assumer tous les coûts et risques du trafic international des marchandises qui sont générés depuis la collecte.
- Recevoir les biens conformes lors de leur livraison.
- Payez le prix des marchandises comme convenu.

Incoterms EXW : coût et risque :

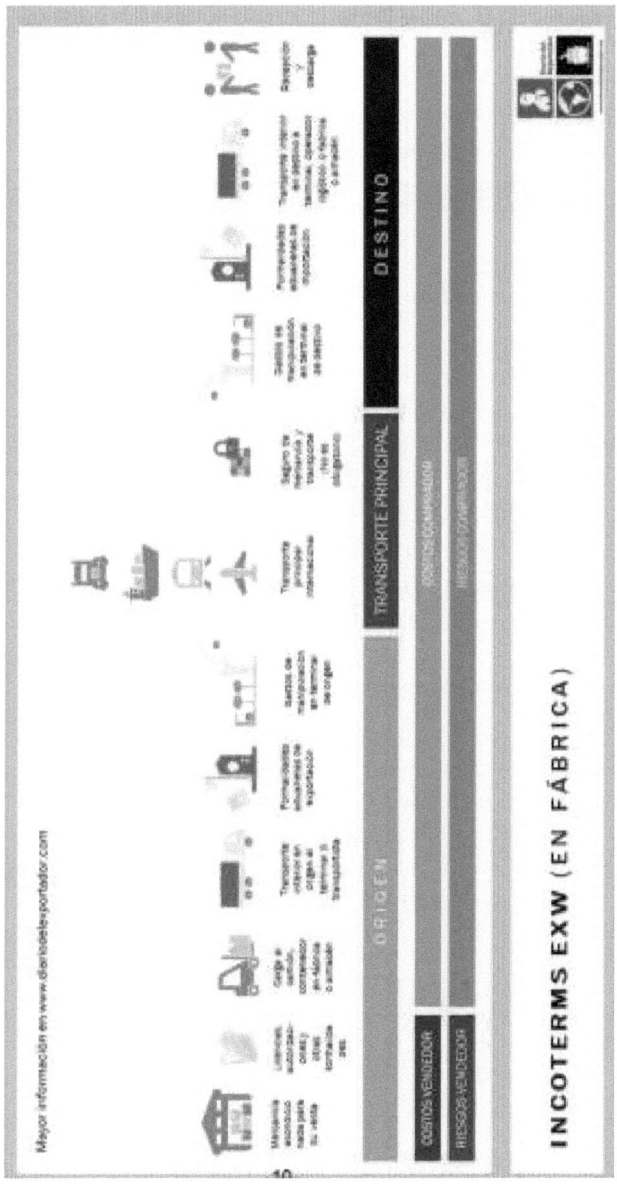

Le terme Incoterms dans le contrat :

Le transfert des risques et la répartition des coûts logistiques et douaniers étant fonction du lieu de livraison, il est essentiel de spécifier le lieu de livraison des marchandises aussi clairement que possible dans le contrat et la facture pro forma. La Chambre de commerce internationale recommande la structure suivante : **Le terme Incoterms + lieu de livraison + Règle Incoterms 2020**

Exemple : EXW, Nestor Gambeta Avenue 2875, Callao, Lima, Pérou, Règles Incoterms 2020

Notes et recommandations :

La Chambre de commerce internationale conseille le terme EXW pour les transactions nationales et, FCA pour le commerce international, sauf dans des conditions de confiance maximale, tant du point de vue du vendeur, parce qu'il perd le contrôle des marchandises et les garanties que les formalités d'exportation sont correctement effectuées, que du point de vue de l'acheteur, parce qu'il doit supporter tous les coûts, depuis l'enlèvement et le chargement même dans le pays d'origine, et toutes les formalités documentaires et douanières.

Si le vendeur veut que la responsabilité de l'opération soit la plus faible possible, ou si l'acheteur veut la contrôler autant que possible, nous recommandons qu'au moins l'opération soit effectuée dans des conditions FCA, franco transporteur ou lieu désigné, dans ce cas : l'entrepôt du vendeur.

Comme nous le verrons dans les Incoterms FCA suivants, la principale différence réside dans le fait que le vendeur est responsable du chargement des marchandises sur les moyens que l'acheteur met à sa disposition à cet effet (en évitant que du personnel extérieur ne manipule les marchandises dans l'établissement) ainsi que des procédures douanières d'exportation, ce qui vous garantit de disposer d'un document officiel justifiant l'émission d'une facture exonérée de TVA pour la déduction de la collecte ultérieure.

Le terme FCA signifie "Free Carrier". Dans une transaction de vente sous le terme FCA, le vendeur livre les marchandises au transporteur désigné par l'acheteur dans les locaux du vendeur ou à un autre endroit désigné. Le vendeur est tenu de dédouaner les marchandises pour l'exportation.

Le terme FCA est utilisé à la place de EWX lorsque le vendeur est mieux placé pour charger les marchandises et lorsque des documents sont requis à des fins fiscales. Ensuite, EXW pour les ventes locales et FCA pour les ventes internationales.

Caractéristiques des Incoterms FCA :

☐ **Type de transport :** Tout moyen de transport, y compris multimodal (conteneurs)

☐ **Lieu de livraison :** Dans les locaux du vendeur (usine, entrepôt, atelier, etc.) ; ou En différents points du pays du vendeur (terminaux de transport, aéroport, etc.)

☐ **Statut des marchandises (chargement/déchargement) :** chargées lors **du** premier transport (généralement un camion) désigné par l'acheteur ; ou prêtes à être déchargées sur le lieu de livraison.

☐ **Document de livraison :** Document de retrait auprès du premier transporteur ou document équivalent ; ou Document de livraison du transporteur du vendeur au transporteur international désigné par l'acheteur.

☐ **Type de fret :** Tout type de fret (général, complet et de groupage).

☐ **Location du transport principal :** Acheteur.

☐ **Souscription d'une assurance transport :** il n'y a aucune obligation pour l'une ou l'autre des parties. Toutefois, il est conseillé à l'acheteur de souscrire une assurance, car c'est lui qui assume le risque dans le transport international.

- **Transfert des risques du vendeur à l'acheteur :** une fois que les marchandises ont été chargées sur le transport désigné par l'acheteur, dans les propres installations du vendeur ; ou sur le lieu de livraison, avant que les marchandises ne soient déchargées pour être livrées au transporteur désigné par l'acheteur.
- **Inspection avant expédition :** Acheteur, sauf si le pays du vendeur l'exige, auquel cas il sera aux frais de ce dernier.
- **Autorisation d'exportation :** Vendeur.
- **Dédouanement à l'importation :** Acheteur.
- Moyens de paiement à utiliser : **Simple (virement, ordre de paiement, chèque, etc.), comme documentaire (lettre de crédit, encaissement documentaire, etc.)**

Incoterms FCA obligations des parties.

Vendeur :

- Aviser l'acheteur lorsque les marchandises sont prêtes à être enlevées à l'endroit convenu.
- Livrer les marchandises au transporteur ou au destinataire désigné par l'acheteur, au lieu de livraison convenu. S'il n'y a pas de lieu convenu, le vendeur peut alors déterminer le meilleur emplacement.
- Payer tous les frais jusqu'à ce que les marchandises soient placées à l'endroit convenu, y compris ceux générés par le dédouanement à l'origine.
- Produire la preuve de la conformité ou la preuve de la livraison des biens et aider l'acheteur à obtenir le document de transport correspondant ou sa réception.
- Fournir une facture commerciale et une liste de colisage ou un document électronique équivalent.
- Aider l'acheteur, en assurant la disponibilité des services, des informations et des documents complémentaires ou supplémentaires pour le trafic international de marchandises.

Acheteur :

- ☐ Fournir au vendeur des informations suffisantes sur le transporteur et le transfert ou l'expédition de la cargaison.
- ☐ Vérifier et recevoir les biens en conformité, dans les délais et au lieu convenus.
- ☐ Assumer tous les coûts et risques du trafic international des marchandises qui sont générés depuis leur réception par le transporteur, y compris ceux supplémentaires qui pourraient être générés lors de la livraison.
- ☐ Recevoir les documents ou reçus conformes.
- ☐ Payez le prix des marchandises comme convenu.
- ☐ Payer les services ou documents supplémentaires demandés au vendeur.

Incoterms FCA coûts et risques :

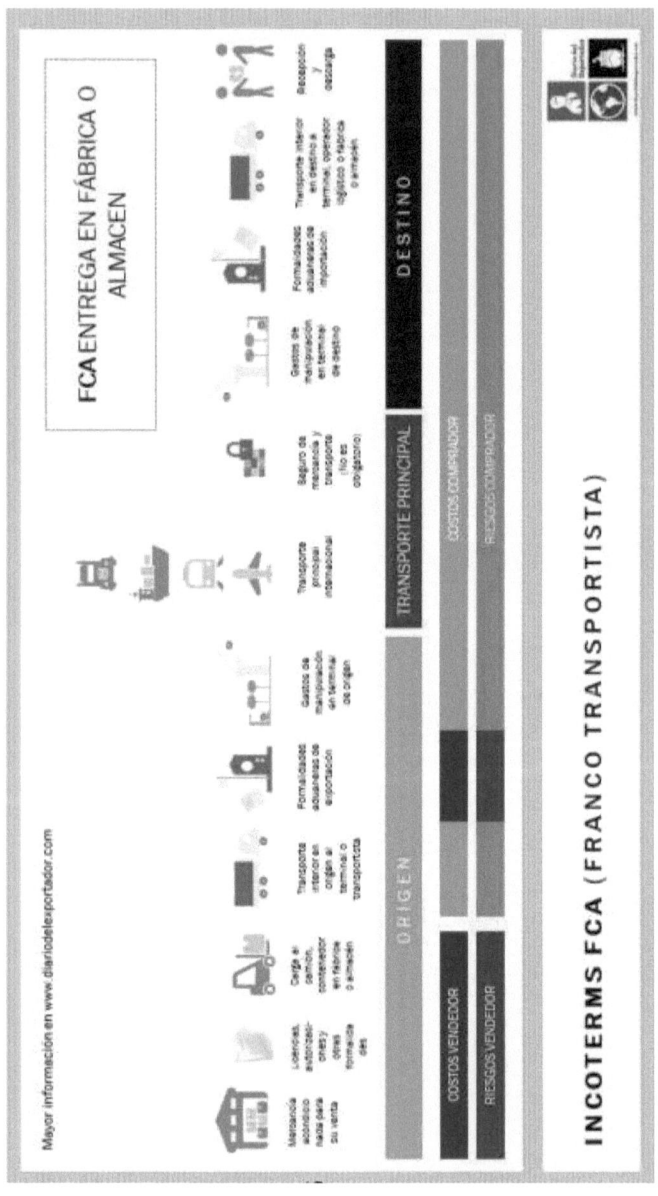

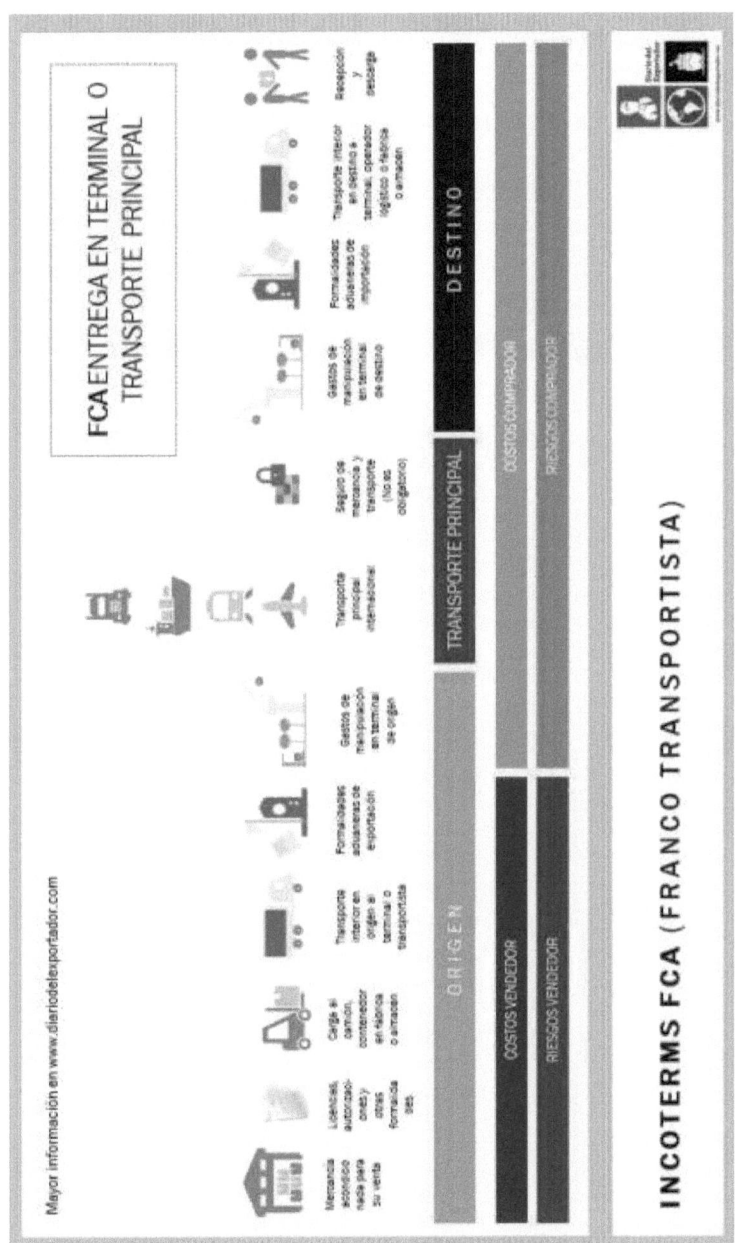

FCA ENTREGA EN TERMINAL O TRANSPORTE PRINCIPAL

INCOTERMS FCA (FRANCO TRANSPORTISTA)

FCA Incoterms dans le contrat :

Le transfert des risques et la répartition des coûts logistiques et douaniers étant fonction du lieu de livraison, il est essentiel de spécifier le lieu de livraison des marchandises aussi clairement que possible dans le contrat et la facture pro forma. La Chambre de commerce internationale recommande la structure suivante : **le terme Incoterms + lieu de livraison + règle Incoterms 2020.**

Exemple : FCA, 38 Cours Albert 1er, Paris, France Incoterms 2020

Notes et recommandations :

De notre point de vue, FCA, Free Carrier est le terme des Incoterms qui devrait remplacer le terme FOB ainsi utilisé pour les expéditions de marchandises en conteneurs, puisque, de cette manière, le vendeur évite les coûts de manutention et d'expédition portuaires qui ne sont pas contrôlables par lui, puisqu'ils sont contractés par l'acheteur.

Bien que nous ayons un certain contrôle sur les expéditions, avec FCA nous n'avons toujours pas la garantie que les marchandises finiront dans le pays auquel nous les avons vendues, et ayant peu de responsabilité de gestion par rapport à l'acheteur, nous avons peu d'éléments de négociation autres que les marchandises elles-mêmes.

Nous recommandons donc que le port de chargement FCA soit le minimum d'Incoterms à utiliser, étant dans la plupart des cas plus avantageux pour la société vendeuse de gérer le transport au moins jusqu'au port de destination - CPT/CIP en multimodal et CIF/CFR si c'est uniquement par mer.

Changement dans l'ACF 2020 :

Lorsque la forme de paiement négociée est effectuée au moyen d'une lettre de crédit, les banques exigent le plus souvent la présentation d'un document d'expédition "à bord". Dans l'AFD, étant donné que la livraison des marchandises du vendeur à l'acheteur est effectuée avant la conclusion du contrat de transport principal et que celui-ci est à la charge de l'acheteur, le vendeur n'a pas la possibilité d'obtenir le document d'expédition mentionné.

Pour remédier à cette situation, les INCOTERMS 2020 offrent la possibilité à l'acheteur et au vendeur de convenir que l'acheteur donnera instruction au transporteur de délivrer un document d'expédition "à bord" au vendeur. Malgré cela, nous recommandons d'éviter les lettres de crédit avec des expéditions FCA ou FOB et, s'il n'y a pas d'autre option, de demander à la banque émettrice de remplacer le document de transport maritime par tout document qui, sans attendre que les marchandises soient expédiées à l'origine, certifie que le vendeur a rempli son obligation de livraison à l'acheteur.

Sinon, tout ce que nous avons gagné en termes d'évitement des risques que nous ne contrôlons pas dans un port ou des coûts qui varient fortement en fonction de la compagnie maritime ou de l'agent qui assure le transport principal, ainsi que le respect de la livraison convenue, nous l'aurons perdu si nous continuons à dépendre de la réception d'une copie du document d'expédition "à bord" qui n'est pas délivrée avant que le navire ait quitté le port d'origine afin de respecter les conditions de la lettre de crédit.

Le terme FAS signifie "Free Alongside Ship". Dans une transaction de vente sous le terme FAS, le vendeur livre les marchandises le long du navire désigné par l'acheteur (par exemple, sur le quai ou sur une barge) au port d'embarquement désigné. Le vendeur transfère le risque et assume tous les coûts jusqu'au point de chargement dans le port d'embarquement désigné, ainsi que les coûts liés au dédouanement des exportations.

Caractéristiques des Incoterms FAS :

☐ **Type de transport :** Exclusivement pour le transport maritime. Non recommandé pour le transport multimodal (conteneurs).

☐ **Lieu de livraison : à** côté du navire (sur le quai ou sur une barge) au port d'embarquement.

☐ Statut des marchandises (chargement/déchargement) : Prêtes à être chargées sur le navire désigné par l'acheteur.

☐ **Document de livraison :** récépissé de quai ou récépissé d'expédition.

☐ **Type de fret :** Vrac, gros chargements et fret complexe (machines).

☐ **Location du transport principal :** Acheteur.

☐ **Souscription d'une assurance transport :** il n'y a aucune obligation pour l'une ou l'autre des parties. Toutefois, il est conseillé à l'acheteur de souscrire une assurance, car c'est lui qui assume le risque dans le transport international.

☐ **Transfert du risque du vendeur** à l'**acheteur : une** fois que les marchandises ont été mises à la disposition de l'acheteur sur le quai ou au point de chargement dans le port désigné par l'acheteur.

- Inspection avant expédition : Acheteur, sauf si le pays du vendeur l'exige, auquel cas il sera aux frais de ce dernier.
- **Autorisation d'exportation :** Vendeur.
- **Dédouanement à l'importation :** Acheteur.
- **Moyens de paiement à utiliser :** Simple (virement, ordre de paiement, chèque, etc.), comme documentaire (lettre de crédit, encaissement documentaire, etc.)

Incoterms FAS obligations des parties.

Vendeur :

- informer l'acheteur que les marchandises ont été placées à côté du navire
- Placez les marchandises à côté du navire au port d'embarquement convenu, dans le délai convenu.
- Payer tous les frais de livraison des marchandises jusqu'à ce qu'elles soient placées à côté du navire, y compris ceux générés par le dédouanement dans le pays d'origine.
- Fournir une facture commerciale et une liste de colisage ou un document électronique équivalent, et produire une preuve de conformité ou une preuve de livraison.
- Aider l'acheteur, en assurant la disponibilité des services, des informations et des documents complémentaires ou supplémentaires pour le trafic international de marchandises.

Acheteur :

- Fournir au vendeur des informations suffisantes sur le navire, l'itinéraire du navire et le port d'embarquement.
- Recevoir les marchandises conformes au lieu et à l'heure convenus.
- Assumer tous les coûts et risques du trafic international des marchandises qui sont générées depuis qu'elles sont placées à côté du navire désigné.
- Payez le prix des marchandises comme convenu.
- Payer les services ou documents supplémentaires demandés au vendeur.

Incoterms FAS coûts et risques :

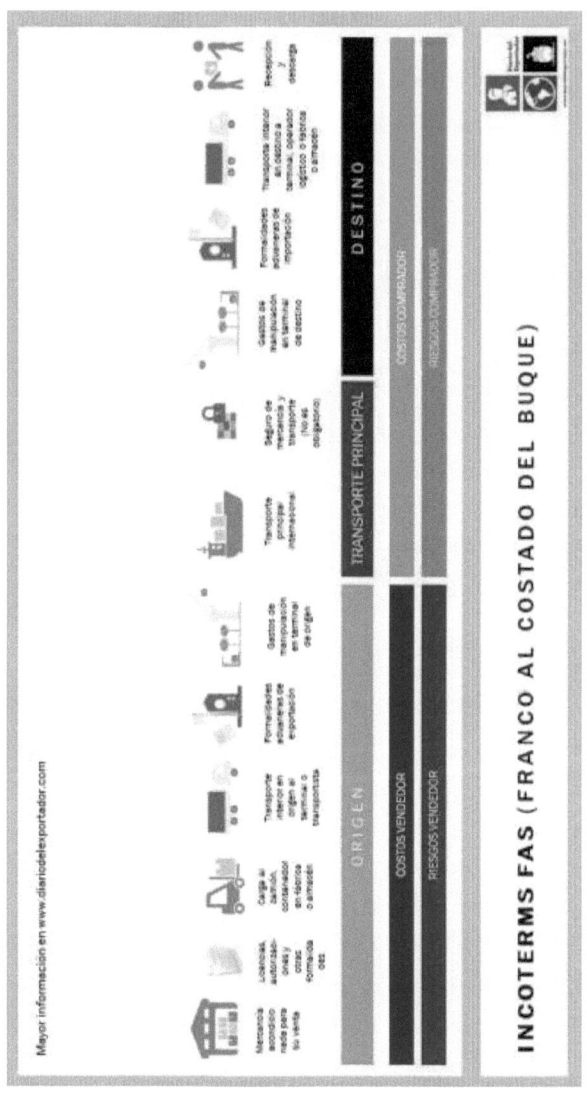

FAS Incoterms dans le contrat

Le transfert des risques et la répartition des coûts logistiques et douaniers étant fonction du lieu de livraison, il est essentiel de spécifier le lieu de livraison des marchandises aussi clairement que possible dans le contrat et la facture pro forma. La Chambre de commerce internationale recommande la structure suivante : **Le terme Incoterms + lieu de livraison + Règle Incoterms 2020**

Exemple : FAS, Paita, Piura, règles Incoterms 2020 du Pérou

Notes et recommandations :

C'est une bonne option si les contrats d'affrètement maritime ne sont pas bien contrôlés, car cela nous oblige à effectuer le dédouanement, tout en limitant la possibilité de coûts imprévus, en devant gérer le transport de notre entrepôt au terminal, et le dédouanement à l'exportation, laissant le reste des dépenses et de la gestion au nom de l'acheteur.

Ce terme doit être utilisé exclusivement lorsqu'il s'agit de transport maritime ou fluvial. Il n'est pas utilisé pour le transport par conteneur (où le FCA doit être utilisé). Il est généralement utilisé pour le transport de marchandises en vrac telles que le charbon, la mélasse, les déchets métalliques, etc., qui sont transportées dans la cale d'un navire, ou de marchandises spéciales qui, en raison de leur nature et de leurs dimensions, nécessitent une opération de chargement de navire très particulière telles que les éoliennes, les bus, etc.

Le terme FOB signifie "Free On Board". Dans une transaction de vente sous le terme FOB, le vendeur livre les marchandises à bord du navire désigné par l'acheteur au port d'embarquement désigné. Le vendeur transfère le risque et assume tous les coûts jusqu'à ce que les marchandises soient à bord du navire, ainsi que les coûts liés au dédouanement des exportations.

Caractéristiques des Incoterms FOB :

- **Type de transport :** Exclusivement pour le transport maritime. Non recommandé pour le transport multimodal (conteneurs).
- **Lieu de livraison :** à bord du navire dans le port d'embarquement désigné par l'acheteur.
- **Localisation de la marchandise (chargement/déchargement) :** à bord du navire désigné par l'acheteur.
- **Document** de **livraison :** connaissement (B/L) ou récépissé d'expédition.
- **Type de fret :** Vrac, gros chargements et fret complexe (machines)
- **Location du transport principal :** Acheteur.
- **Souscription d'une assurance transport :** il n'y a aucune obligation pour l'une ou l'autre des parties. Toutefois, il est conseillé à l'acheteur de souscrire une assurance, car c'est lui qui assume le risque dans le transport international.
- **Transfert du risque du vendeur à l'acheteur :** une fois que les marchandises ont été placées à bord du navire, dans le port désigné par l'acheteur.
- **Inspection avant expédition :** Acheteur, sauf si le pays du vendeur l'exige,

auquel cas il sera aux frais de ce dernier.

☐ **Autorisation d'exportation :** Vendeur.

☐ **Dédouanement à l'importation :** Acheteur.

☐ **Moyens de paiement à utiliser :** Simple (virement, ordre de paiement, chèque, etc.), comme documentaire (lettre de crédit, encaissement documentaire, etc.)

Incoterms FOB obligations des parties.

Vendeur :

☐ Notifier la livraison des marchandises à bord du navire convenu.

☐ Livrer les marchandises à bord du navire convenu.

☐ Payer tous les frais jusqu'à ce que la cargaison soit placée sur le navire qui la transportera à destination, y compris ceux générés par le dédouanement dans le pays d'origine.

☐ Produire la preuve de la conformité ou la preuve de la livraison des biens et aider l'acheteur à obtenir le document de transport correspondant ou sa réception.

☐ Fournir une facture commerciale et une liste de colisage, ou un document électronique équivalent

☐ Aider l'acheteur, en assurant la disponibilité des services, des informations et des documents complémentaires ou supplémentaires pour le trafic international de marchandises.

Acheteur :

☐ Fournir des informations suffisantes au vendeur pour effectuer le transfert ou l'expédition de la cargaison.

☐ Recevoir les marchandises en conformité, après leur chargement sur le navire.

☐ Assumer tous les coûts et risques du trafic international des marchandises générées depuis leur chargement sur le navire.

☐ Recevoir les documents ou reçus conformes.

☐ Payez le prix des marchandises comme convenu.

☐ Payer les services ou documents supplémentaires demandés au vendeur.

Incoterms FOB coûts et risques :

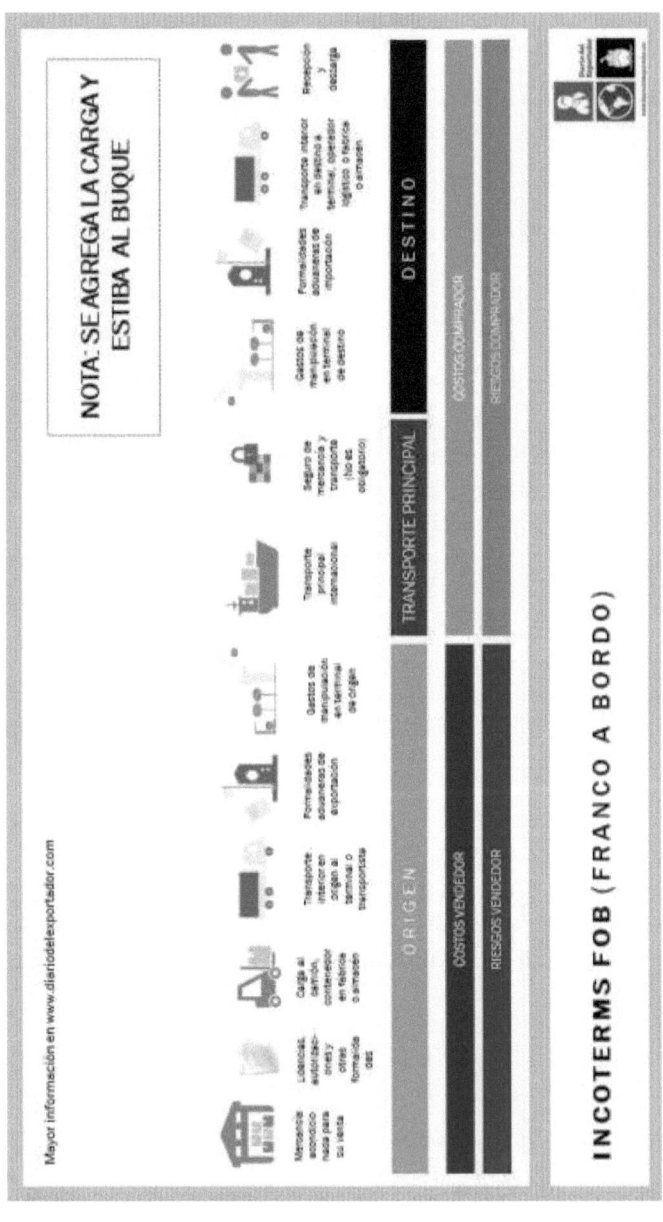

FOB Incoterms dans le contrat :

Le transfert des risques et la répartition des coûts logistiques et douaniers étant fonction du lieu de livraison, il est essentiel de spécifier le lieu de livraison des marchandises aussi clairement que possible dans le contrat et la facture pro forma. La Chambre de commerce internationale recommande la structure suivante : **Le terme Incoterms + lieu de livraison + Règle Incoterms 2020**

Exemple : règles FOB, Matarani, Arequipa, Pérou Incoterms 2020

Notes et recommandations :

Le FOB est une bonne option dans le transport maritime, si les contrats d'affrètement maritime ne sont pas bien contrôlés, car il nous oblige à dédouaner, bien qu'il nous oblige à assumer des coûts de manutention portuaire que nous ne connaissons peut-être pas au moment de la signature du contrat.

Quand ne pas utiliser FOB ? Lorsque nous pouvons avoir des difficultés à obtenir un B/L (Bill of Lading) qui est un document nécessaire lorsque le moyen de paiement est un crédit documentaire.

Si les marchandises sont dans des conteneurs, il est d'usage que l'exportateur les mette en possession du transporteur à un terminal et non sur le côté du navire. Par conséquent, les Incoterms FOB seraient inappropriés et les Incoterms FCA devraient être utilisés, ce qui permettrait d'éviter les difficultés liées à la documentation et d'avoir un meilleur contrôle des coûts.

Le terme CPT signifie "Carriage Paid To". Dans une transaction de vente sous le terme CPT, le vendeur contracte et paie les coûts de transport nécessaires pour amener les marchandises au lieu de destination désigné, ainsi que les coûts liés au dédouanement à l'exportation. Les risques de perte et de dommage sont transférés à l'acheteur à partir du moment où les marchandises sont remises à la garde du transporteur.

Dans le terme CPT, le risque est transféré et les coûts sont transférés à différents endroits. Il est donc important que le vendeur et l'acheteur précisent clairement à la fois le lieu de livraison, où le risque est transféré à l'acheteur, et le lieu de destination désigné auquel le vendeur doit contracter pour le transport.

Caractéristiques des Incoterms CPT.

- ☐ **Type de transport :** Tout moyen de transport, y compris multimodal (conteneurs)
- ☐ **Lieu de livraison :** au point où les marchandises sont livrées au premier transporteur contracté par le vendeur
- ☐ **Localisation de la marchandise (chargement/déchargement) :** Chargée sur le premier moyen de transport contracté par le vendeur.
- ☐ **Document de livraison :** Document d'expédition (CRM, CIM, B/L ou AWB)
- ☐ **Type de fret :** Tout type de fret (général, complet et de groupage).
- ☐ **Location du transport principal :** Vendeur.
- ☐ **Souscription d'une assurance transport : il** n'y a aucune obligation

pour l'une ou l'autre des parties. Toutefois, il est conseillé à l'acheteur de souscrire une assurance, car c'est lui qui assume le risque dans le transport international.

- **Transfert du risque du vendeur à l'acheteur :** lorsque les marchandises sont livrées au premier transporteur contracté par le vendeur.
- **Inspection avant expédition :** Acheteur, sauf si le pays du vendeur l'exige, auquel cas il sera aux frais de ce dernier.
- **Autorisation d'exportation :** Vendeur.
- **Dédouanement à l'importation :** Acheteur.
- **Moyens de paiement à utiliser :** Simple (virement, ordre de paiement, chèque, etc.), comme documentaire (lettre de crédit, encaissement documentaire, etc.)

Incoterms CPT obligations des parties.

Vendeur :

- Aviser l'acheteur que les marchandises ont été livrées au transporteur et qu'elles ont commencé à circuler.

  - Livrer les marchandises au transporteur principal, en payant la valeur du fret international.
  - Payer tous les frais jusqu'à la livraison des marchandises au transporteur principal, y compris ceux générés par le dédouanement dans le pays d'origine et la valeur du fret international.
  - Produire la preuve de la conformité ou la preuve de la livraison des marchandises, et lorsqu'il en a la charge, le vendeur doit délivrer les documents de transport avec la date de départ, lorsque les originaux sont imprimés, ou fournir une assistance à l'acheteur pour obtenir le document de transport correspondant ou sa preuve.
  - Fournir une facture commerciale et une liste de colisage, ou un document électronique équivalent
  - Aider l'acheteur, en assurant la disponibilité des services, des informations et des documents complémentaires ou supplémentaires pour le trafic international de marchandises.

Acheteur :

- Fournir des informations suffisantes au vendeur pour effectuer le transfert ou l'expédition de la cargaison.

- [ ] Recevoir les marchandises conformes, après avoir été chargées sur le moyen de transport.

- [ ] Assumer tous les coûts et risques du trafic international des marchandises qui sont générés depuis leur chargement dans le moyen de transport, à l'exception de la valeur du fret international.

- [ ] Recevoir les documents ou reçus conformes.

- [ ] Payez le prix des marchandises comme convenu.

- [ ] Payer les services ou documents supplémentaires demandés au vendeur.

Incoterms CPT coûts et risques :

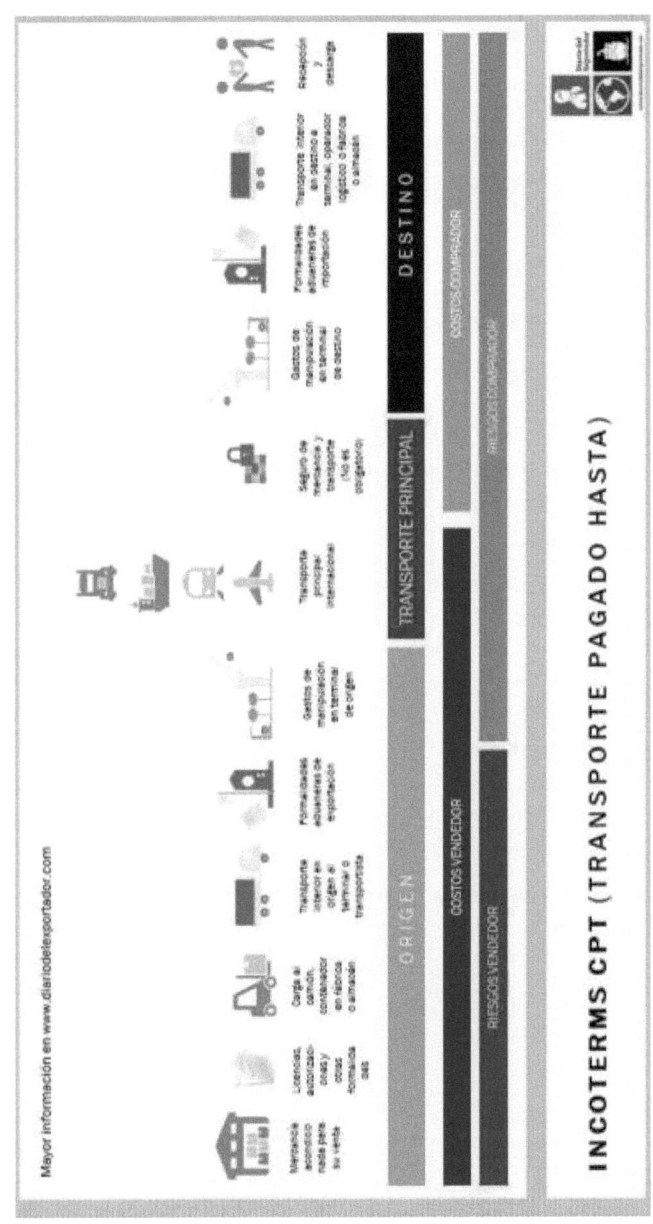

CPT Incoterms dans le contrat ;

Le transfert des risques et la répartition des coûts logistiques et douaniers étant fonction du lieu de livraison, il est essentiel de spécifier le lieu de livraison des marchandises aussi clairement que possible dans le contrat et la facture pro forma. La Chambre de commerce internationale recommande la structure suivante : **Le terme Incoterms + lieu de livraison + Règle Incoterms 2020**

Exemple : CPT, aéroport international de Mexico, Aeromexico Cargo, Incoterms 2020

Notes et recommandations :

Le terme CPT permet de contrôler les coûts, les marchandises, la destination et les délais, et de disposer d'une bonne marge de négociation avec les clients. Même si le transport des marchandises vers la destination désignée doit être payé, le risque est transféré à l'origine. L'inconvénient est qu'aucune des parties n'est obligée d'assurer les marchandises, ce qui n'est pas le cas dans le cadre du CIP.

Incoterms CPT, comme dans les termes CIP, CFR ou CIF, le transfert de risque et de coûts se produit à différents endroits. En d'autres termes, l'exportateur remplit son obligation de livraison lorsque les marchandises sont mises en possession du transporteur (lorsque plusieurs transporteurs sont utilisés pour atteindre la destination convenue, le transfert a lieu lorsque les marchandises sont livrées au premier d'entre eux) et non lorsque les marchandises arrivent au lieu de destination. Si les parties souhaitent que le risque soit transféré à un stade ultérieur (par exemple, dans un port ou un aéroport), elles doivent le préciser dans le contrat de vente.

Les conditions Incoterms de type C intéressent les banques lorsqu'il s'agit de lettres de crédit, car elles demandent à être le destinataire du connaissement. Ainsi, ils sont propriétaires des marchandises jusqu'à ce que l'importateur paie.

Il est recommandé d'établir clairement la destination convenue des marchandises.

Le terme CIP signifie "Carriage and Insurance Paid To". Dans une transaction de vente et d'achat sous le régime du CIP, le vendeur contracte et paie les frais de transport nécessaires pour amener les marchandises au lieu de destination désigné, ainsi que les frais liés au dédouanement à l'exportation. En outre, le vendeur contracte **une** couverture d'**assurance complète (clause A)** contre le risque de perte ou de dommages aux marchandises pendant le transport. Les risques de perte et de dommage sont transférés à l'acheteur à partir du moment où les marchandises sont remises à la garde du transporteur.

Dans le terme CIP, le risque est transmis et les coûts sont transférés à différents endroits. Il est donc important que le vendeur et l'acheteur précisent clairement à la fois le lieu de livraison, où le risque est transféré à l'acheteur, et le lieu de destination désigné auquel le vendeur doit contracter pour le transport.

Caractéristiques des Incoterms CIP :

- **Type de transport :** Tout moyen de transport, y compris multimodal (conteneurs)
- **Lieu de livraison :** Au moment où les marchandises sont livrées au premier transporteur que le vendeur a contracté.
- **Localisation de la marchandise (chargement/déchargement) :** Chargée sur le premier moyen de transport contracté par le vendeur.
- **Document de livraison :** Document de transport (CRM, CIM, B/L, AWB ou DTM) et police d'assurance transport
- **Type de fret :** Tout type de fret (général, complet et de groupage).

- **Location du transport principal :** Vendeur.

- **Souscription d'une assurance transport :** le vendeur est tenu de souscrire une assurance transport (clause A de l'*Institute Cargo Clauses*) dont l'acheteur est le bénéficiaire.
- **Transfert du risque du vendeur à l'acheteur :** lorsque les marchandises sont livrées au premier transporteur contracté par le vendeur.
- **Inspection avant expédition :** Acheteur, sauf si le pays du vendeur l'exige, auquel cas il sera aux frais de ce dernier.
- **Autorisation d'exportation :** Vendeur.

- **Dédouanement à l'importation :** Acheteur.

- **Moyens de paiement à utiliser :** Simple (virement, ordre de paiement, chèque, etc.), comme documentaire (lettre de crédit, encaissement documentaire, etc.)

Incoterms Obligations des parties en matière de PIC.

Vendeur :

- Aviser l'acheteur que les marchandises ont été livrées au transporteur et qu'elles ont commencé à circuler.
- Livrer les marchandises au transporteur principal, en payant la valeur du fret et l'assurance internationale.
- Payer tous les frais jusqu'à la livraison des marchandises au transporteur principal, y compris ceux encourus pour le dédouanement dans le pays d'origine, la valeur du fret et l'assurance internationale.
- L'assurance à souscrire en faveur de l'exportateur est de 110 %, clause A [tous

risques].

- ☐ Fournir une facture commerciale et une liste de colisage, ou un document électronique équivalent
- ☐ Produire des preuves de conformité ou des preuves de livraison des marchandises, et lorsqu'il en a la charge, le vendeur doit délivrer les documents de transport avec la date de départ, lorsque les originaux sont imprimés, et la police d'assurance, ou fournir une assistance à l'acheteur pour obtenir les documents ou preuves correspondants.
- ☐ Aider l'acheteur, en assurant la disponibilité des services, des informations et des documents complémentaires ou supplémentaires pour le trafic international de marchandises.

Acheteur :

- ☐ Fournir des informations suffisantes au vendeur pour effectuer le transfert ou l'expédition de la cargaison.
- ☐ Recevoir les marchandises conformes, après avoir été chargées sur le moyen de transport.
- ☐ Assumer tous les coûts et risques du trafic international de marchandises qui sont générés depuis leur chargement sur le moyen de transport, à l'exception des valeurs du fret et de l'assurance internationale.
- ☐ Payez le prix des marchandises comme convenu.
- ☐ Recevoir les documents ou reçus conformes.
- ☐ Payer les services ou documents supplémentaires demandés au vendeur.

Incoterms Coûts et risques du CIP :

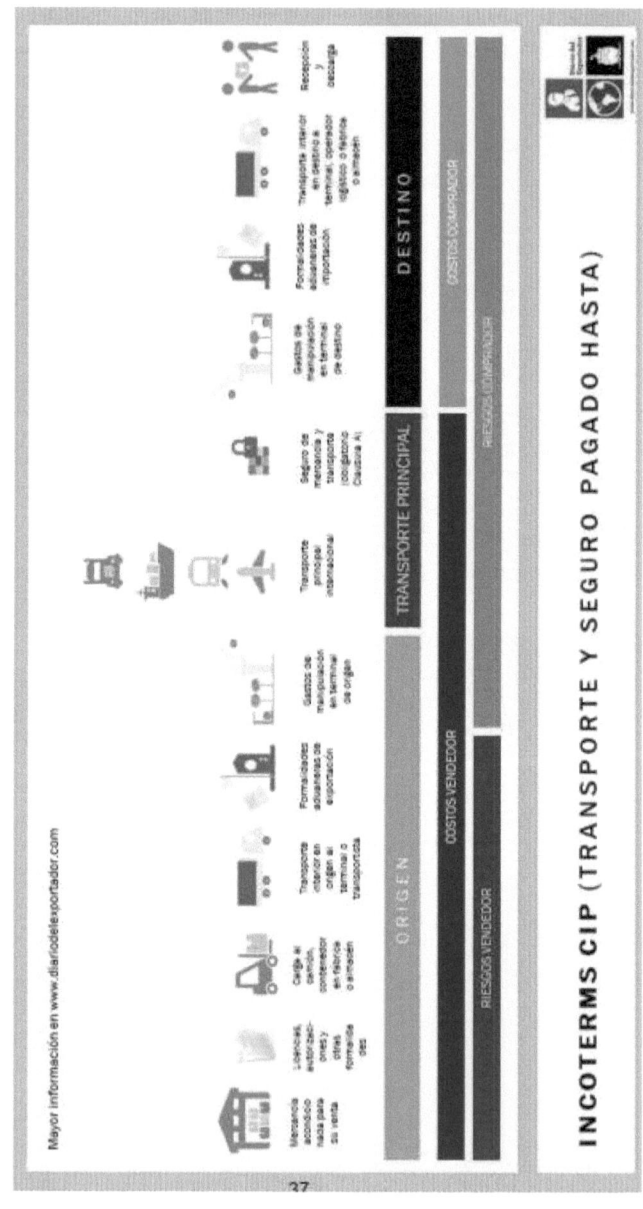

Incoterms CIP dans le contrat :

Le transfert des risques et la répartition des coûts logistiques et douaniers étant fonction du lieu de livraison, il est essentiel de spécifier le lieu de livraison des marchandises aussi clairement que possible dans le contrat et la facture pro forma. La Chambre de commerce internationale recommande la structure suivante : **Le terme Incoterms + lieu de livraison + Règle Incoterms 2020**

Exemple : CIP, aéroport international de Mexico, Aeromexico Cargo, Incoterms 2020

Notes et recommandations :

Bien que le transport soit inclus dans le prix de vente, les risques de la traversée sont à la charge de l'acheteur.

Il est recommandé d'établir clairement la destination convenue des marchandises.

L'assurance est contractée par le vendeur, en accord avec l'acheteur. Bien que l'assurance soit contractée par le vendeur, le bénéficiaire doit être l'acheteur qui assume le risque de la traversée. En cas de sinistre, l'assurance doit être payable dans le pays de destination dans la monnaie convenue lors de la transaction.

Il est recommandé de couvrir 110 % de la valeur d'achat en cas d'expédition.

Les conditions Incoterms de type C intéressent les banques lorsqu'il s'agit de lettres de crédit, car elles demandent à être le destinataire du connaissement. Ainsi, ils sont propriétaires des marchandises jusqu'à ce que l'importateur paie.

Le terme CIF signifie "Assurance des coûts et du fret". Dans une transaction de vente sous le terme CIF, le vendeur livre les marchandises à bord du navire et, à ce moment, le risque de perte ou de dommage aux marchandises est transféré. Le vendeur doit contracter et payer les frais et le fret nécessaires pour amener les marchandises au port de destination désigné, ainsi que des contrats **pour une couverture d'assurance minimale (clause C)** contre le risque de perte ou de dommage des marchandises par l'acheteur pendant le transport, ainsi que les frais liés au dédouanement des exportations.

Caractéristiques Incoterms CIF :

- **Type de transport :** Exclusivement pour le transport maritime. Non recommandé pour le transport multimodal (conteneurs).
- **Lieu de livraison :** à bord du navire dans le port d'embarquement désigné par le vendeur.
- **Localisation des marchandises (chargement/déchargement) :** à bord **du** navire désigné par le vendeur.
- **Document** de **livraison :** Connaissement (B/L) avec mention du *fret payé d'avance,* et police d'assurance transport.
- **Type de fret : De** préférence des opérations de fret général
- **Location du transport principal :** Vendeur.
- **Souscription d'une assurance transport :** Le vendeur est tenu de souscrire une assurance transport (clause C de l'Institut des clauses de fret) dont l'acheteur est le bénéficiaire.

- **Transfert du risque du vendeur à l'acheteur :** une fois que les marchandises ont été placées à bord du navire, dans le port désigné par le vendeur.
- **Inspection avant expédition :** Acheteur, sauf si le pays du vendeur l'exige, auquel cas il sera aux frais de ce dernier.
- **Autorisation d'exportation :** Vendeur.
- **Dédouanement à l'importation :** Acheteur.
- **Moyens de paiement à utiliser :** Simple (virement, ordre de paiement, chèque, etc.), comme documentaire (lettre de crédit, encaissement documentaire, etc.)

-

Incoterms CIF obligations des parties.

Vendeur :

- Notifier la livraison des marchandises à bord du navire convenu.
- Livrer les marchandises à bord du navire convenu en payant la valeur du fret et de l'assurance internationale.

  - Payer tous les frais jusqu'à ce que la cargaison soit placée sur le navire qui l'acheminera vers sa destination, y compris ceux générés par le dédouanement dans le pays d'origine, la valeur du fret et l'assurance internationale.
  - L'assurance à souscrire en faveur de l'exportateur est de 110% Clause C [risque minimum].

  - Fournir une facture commerciale et une liste de colisage, ou un document électronique équivalent
  - Produire des preuves de conformité ou des preuves de livraison des marchandises, et lorsqu'il en a la charge, le vendeur doit délivrer les documents de transport avec la date d'expédition, lorsque les originaux sont imprimés, et la police d'assurance, ou fournir une assistance à l'acheteur pour obtenir les documents ou preuves correspondants.
  - Aider l'acheteur, en assurant la disponibilité des services, des informations et des documents complémentaires ou supplémentaires pour le trafic international de marchandises.

Acheteur :

☐ Fournir des informations suffisantes au vendeur pour effectuer le transfert ou l'expédition de la cargaison.

☐ Recevoir les marchandises en conformité, après leur chargement sur le navire.

☐ Assumer tous les coûts et risques du trafic international de marchandises générés depuis leur chargement sur le navire, à l'exception des valeurs du fret et de l'assurance internationale.

☐ Payez le prix des marchandises comme convenu.

☐ Recevoir les documents ou reçus conformes.

☐ Payer les services ou documents supplémentaires demandés au vendeur.

Incoterms CIF coûts et risques :

Incoterms CIF dans le contrat :

Le transfert des risques et la répartition des coûts logistiques et douaniers étant fonction du lieu de livraison, il est essentiel de spécifier le lieu de livraison des marchandises aussi clairement que possible dans le contrat et la facture pro forma. La Chambre de commerce internationale recommande la structure suivante : **Le terme Incoterms + lieu de livraison + Règle Incoterms 2020**

Exemple : CIF, Port de Hambourg, Allemagne, Incoterms 2020

Notes et recommandations :

L'utilisation du CIF est totalement recommandable car les coûts sont contrôlables et identifiables, le contrôle d'une grande partie de l'opération est supposé avoir plus de marge de négociation, le risque est transmis à l'origine et un plus grand contrôle est exercé sur la marchandise, son destin, les conditions et la recherche d'alternatives avant des événements imprévus.

En outre, elle offre la certitude que vous transportez des marchandises avec une assurance contractée. Dans ce cas, avec une couverture minimale ICC (C), inférieure à la couverture requise dans CIP qui est ICC (A) et que nous recommandons comme la meilleure alternative à CIF), puisque dans CPT et CFR il n'y a aucune obligation pour aucune des parties d'assurer les marchandises. Nous insistons sur le fait que l'utilisation du CIF ne doit être utilisée que pour le transport maritime, si le transport terrestre est également concerné, la bonne chose à faire est d'utiliser le CIP intermodal.

L'assurance est contractée par le vendeur, en accord avec l'acheteur. Bien que l'assurance soit contractée par le vendeur, le bénéficiaire doit être l'acheteur qui assume le risque de la traversée. En cas de sinistre, l'assurance doit être payable dans le pays de destination dans la monnaie convenue lors de la transaction.

Les conditions Incoterms de type C intéressent les banques lorsqu'il s'agit de lettres de crédit, car elles demandent à être le destinataire du connaissement. Ainsi, ils sont propriétaires des marchandises jusqu'à ce que l'importateur paie.

Le terme CFR signifie "Cost and Freight" (coût et fret). Dans une transaction de vente et d'achat sous le terme CFR, le vendeur livre les marchandises à bord du navire. Le risque de perte ou de dommage aux marchandises est transféré lorsque les marchandises se trouvent à bord du navire. Le vendeur doit contracter et payer les frais et le fret nécessaires pour amener les marchandises au port de destination désigné, ainsi que les frais liés au dédouanement des exportations.

Caractéristiques des Incoterms CFR :

- **Type de transport :** Exclusivement pour le transport maritime. Non recommandé pour le transport multimodal (conteneurs).
- **Lieu de livraison :** à bord du navire dans le port d'embarquement désigné par le vendeur.
- **Localisation des marchandises (chargement/déchargement) :** à bord **du** navire désigné par le vendeur.

  - **Document** de **livraison :** Connaissement (B/L) avec mention de *fret prépayé*.
  - **Type de fret : De** préférence des opérations de fret général
  - **Location du transport principal :** Vendeur.
  - **Souscription d'**une **assurance transport : il** n'y a aucune obligation pour l'une ou l'autre des parties. Toutefois, il est conseillé à l'acheteur de souscrire une assurance, car c'est lui qui assume le risque dans le transport international.
  - **Transfert du risque du vendeur à l'acheteur :** une fois que les

marchandises ont été placées à bord du navire, dans le port désigné par le vendeur.

☐ **Inspection avant expédition :** Acheteur, sauf si le pays du vendeur l'exige, auquel cas il sera aux frais de ce dernier.

☐ **Autorisation d'exportation :** Vendeur.

☐ **Dédouanement à l'importation :** Acheteur.

☐ **Moyens de paiement à utiliser :** Simple (virement, ordre de paiement, chèque, etc.), comme documentaire (lettre de crédit, encaissement documentaire, etc.)

Incoterms CFR obligations des parties.

Vendeur :

☐ Notifier la livraison des marchandises à bord du navire convenu.

☐ Livrer les marchandises à bord du navire convenu.

☐ Payer tous les coûts jusqu'à ce que la cargaison soit placée sur le navire qui la transportera à destination, y compris ceux générés par le dédouanement dans le pays d'origine et la valeur du fret international.

☐ Produire la preuve de la conformité ou la preuve de la livraison des marchandises, et lorsqu'il en a la charge, le vendeur doit délivrer les documents de transport avec la date d'expédition, lorsque les originaux sont imprimés, ou fournir une assistance à l'acheteur pour obtenir le document de transport correspondant ou sa preuve.

☐ Fournir une facture commerciale et une liste de colisage, ou un document électronique équivalent

☐ Aider l'acheteur, en assurant la disponibilité des services, des informations et des documents complémentaires ou supplémentaires pour le trafic international de marchandises.

Acheteur :

☐ Fournir des informations suffisantes au vendeur pour effectuer le transfert ou l'expédition de la cargaison.

☐ Recevoir les marchandises en conformité, après leur chargement sur le navire.

☐ Assumer tous les coûts et risques du trafic international des marchandises générées depuis leur chargement sur le navire, à

l'exception de la valeur du fret international.
- ☐ Recevoir les documents ou reçus conformes.

- ☐ Payez le prix des marchandises comme convenu.
- ☐ Payer les services ou documents supplémentaires demandés au vendeur.

Incoterms CFR coûts et risques :

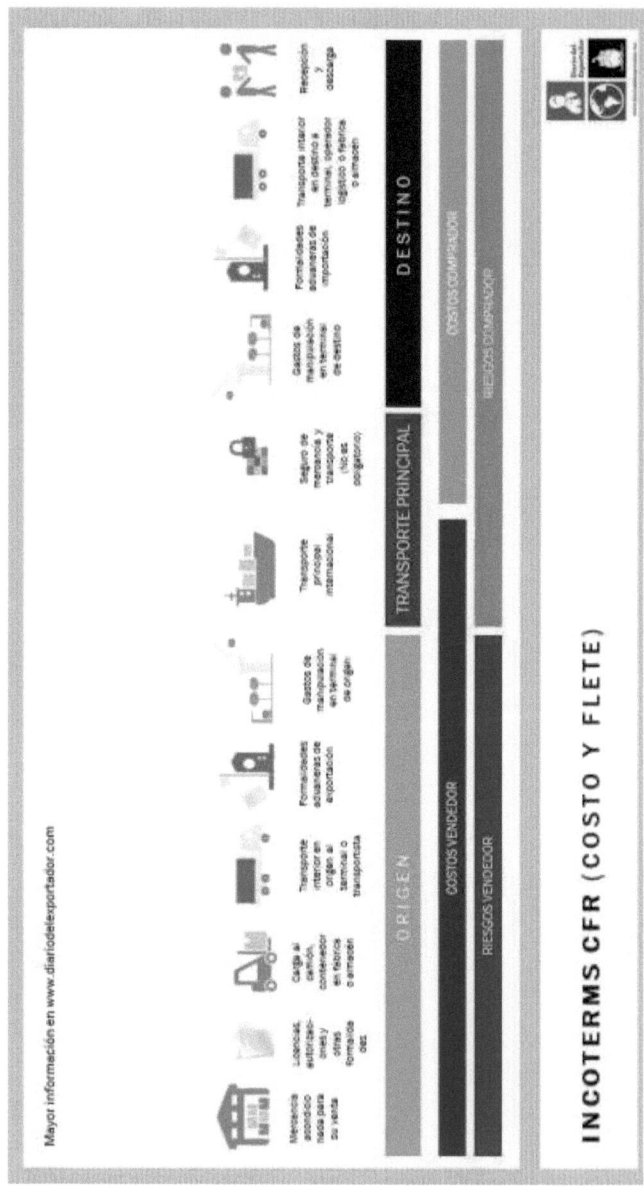

44

Incoterms CFR dans le contrat :

Le transfert des risques et la répartition des coûts logistiques et douaniers étant fonction du lieu de livraison, il est essentiel de spécifier le lieu de livraison des marchandises aussi clairement que possible dans le contrat et la facture pro forma. La Chambre de commerce internationale recommande la structure suivante : **Le terme Incoterms + lieu de livraison + Règle Incoterms 2020**

Exemple : CFR, Rotterdam, Pays-Bas Règles Incoterms 2020

Notes et recommandations :

CFR, est fortement recommandé pour le vendeur, car les coûts sont totalement contrôlables et identifiables, il assume le contrôle d'une grande partie de l'opération ayant plus de marge de négociation, le risque est transmis à la source et a un plus grand contrôle sur les marchandises, leur destination, les délais et la recherche d'alternatives aux événements imprévus.

Le CFR peut ne pas être approprié lorsque les marchandises sont mises en possession du transporteur avant d'être à bord du navire, comme c'est le cas, par exemple, des marchandises conteneurisées, qui sont généralement livrées à un terminal. Dans de telles situations, la règle du CPT doit être utilisée.

En cas de demande de couverture d'assurance pour le transport international, l'acheteur doit s'en occuper à ses propres frais.

Les conditions Incoterms de type C intéressent les banques lorsqu'il s'agit de lettres de crédit, car elles demandent à être le destinataire du connaissement. Ainsi, ils sont propriétaires des marchandises jusqu'à ce que l'importateur paie.

Le terme DAP signifie "Delivered *At* Place" (livré sur place). Dans une transaction de vente sous le terme DAP, le vendeur livre les marchandises à l'arrivée du moyen de transport, prêtes à être déchargées au lieu de destination désigné. Le vendeur assume tous les risques liés à l'acheminement des marchandises jusqu'au lieu de destination convenu, ainsi que les coûts liés au dédouanement de l'exportation.

Caractéristiques des Incoterms DAP :

☐ **Type de transport :** Tout moyen de transport, y compris multimodal (conteneurs)

☐ **Lieu de livraison :** dans les propres locaux de l'acheteur (usine ou entrepôt) dans le pays de destination ; ou dans un point intérieur du pays de destination.

☐ **Emplacement des marchandises (chargement/déchargement) :** Prêtes à être déchargées au lieu de livraison désigné par l'acheteur.

☐ **Document de livraison :** Document de livraison signé par l'acheteur ; ou Document de livraison signé par le transporteur de l'acheteur.

☐ **Type de fret :** Tout type de fret (général, complet et de groupage).

☐ **Location du transport principal :** Vendeur.

☐ **Souscription d'une assurance transport :** **il** n'y a aucune obligation pour l'une ou l'autre des parties. Toutefois, il est conseillé que le vendeur la contracte puisque c'est lui qui assume le risque dans le transport international.

- **Transfert des risques du vendeur à l'acheteur :** lorsque les marchandises sont livrées prêtes à être déchargées du moyen de transport au lieu de destination désigné.
- **Inspection avant expédition :** Acheteur, sauf si le pays du vendeur l'exige, auquel cas il sera aux frais de ce dernier.
- **Autorisation d'exportation :** Vendeur.
- **Dédouanement à l'importation :** Acheteur.
- **Moyens de paiement à utiliser :** simples (virement, ordre de paiement, chèque, etc.)

Incoterms DAP obligations des parties.

Vendeur :

- Aviser l'acheteur que les marchandises sont arrivées à l'endroit convenu sur le lieu de destination.
  - En mettant les marchandises à la disposition de l'acheteur à l'endroit convenu, dans les délais et conditions établis, le vendeur n'est pas obligé de décharger les marchandises à l'endroit convenu.
  - Payer tous les frais jusqu'à ce que les marchandises soient mises à la disposition de l'acheteur à l'endroit convenu, à l'exception des frais de dédouanement dans le pays de destination.
  - Produire la preuve de la conformité ou la preuve de la livraison des marchandises et, lorsqu'il en a la charge, fournir à l'acheteur tous les documents produits en transit international nécessaires pour initier le dédouanement à destination, ou fournir une assistance pour les obtenir.
  - Fournir une facture commerciale et une liste de colisage, ou un document électronique équivalent
  - Aider l'acheteur, en assurant la disponibilité des services, des informations et des documents complémentaires ou supplémentaires pour le trafic international de marchandises.

Acheteur :

- Fournir des informations suffisantes au vendeur pour effectuer le transfert ou l'expédition de la cargaison.
- Recevoir les marchandises conformes, une fois qu'elles sont arrivées à l'endroit convenu.
- Assumer tous les coûts et risques du trafic international des

marchandises qui sont générés depuis leur arrivée au lieu convenu à la destination, y compris le déchargement des marchandises.

☐ Recevoir les documents en conformité.

☐ Payez le prix des marchandises comme convenu.

☐ Payer les services ou documents supplémentaires demandés au vendeur.

Incoterms DAP coûts et risques :

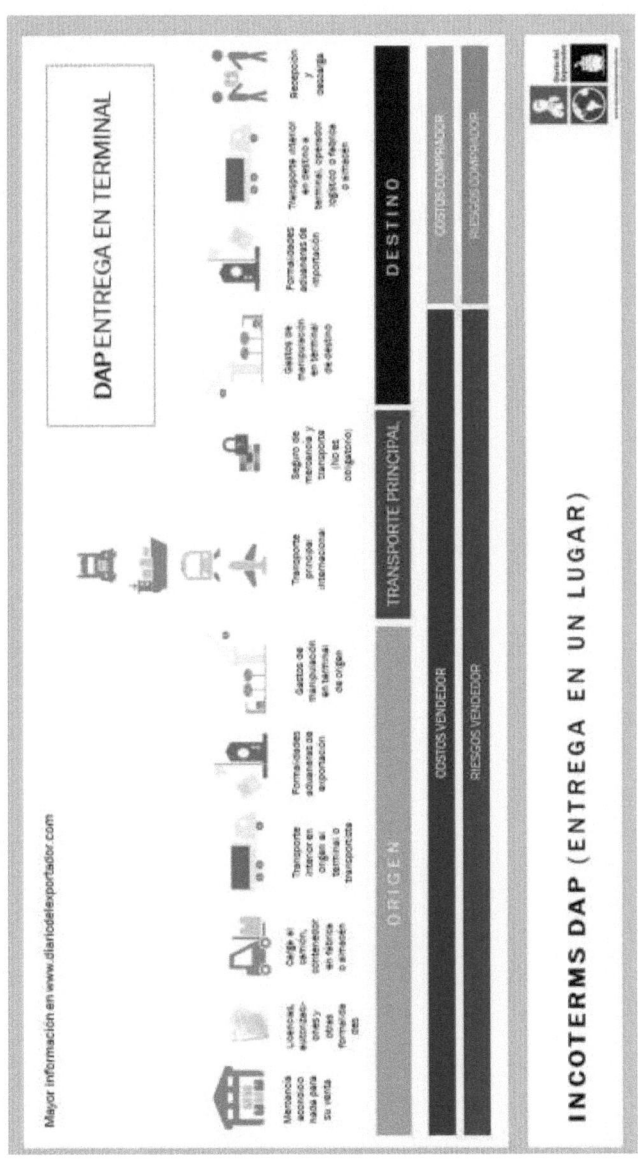

Mayor información en www.diariodelexportador.com

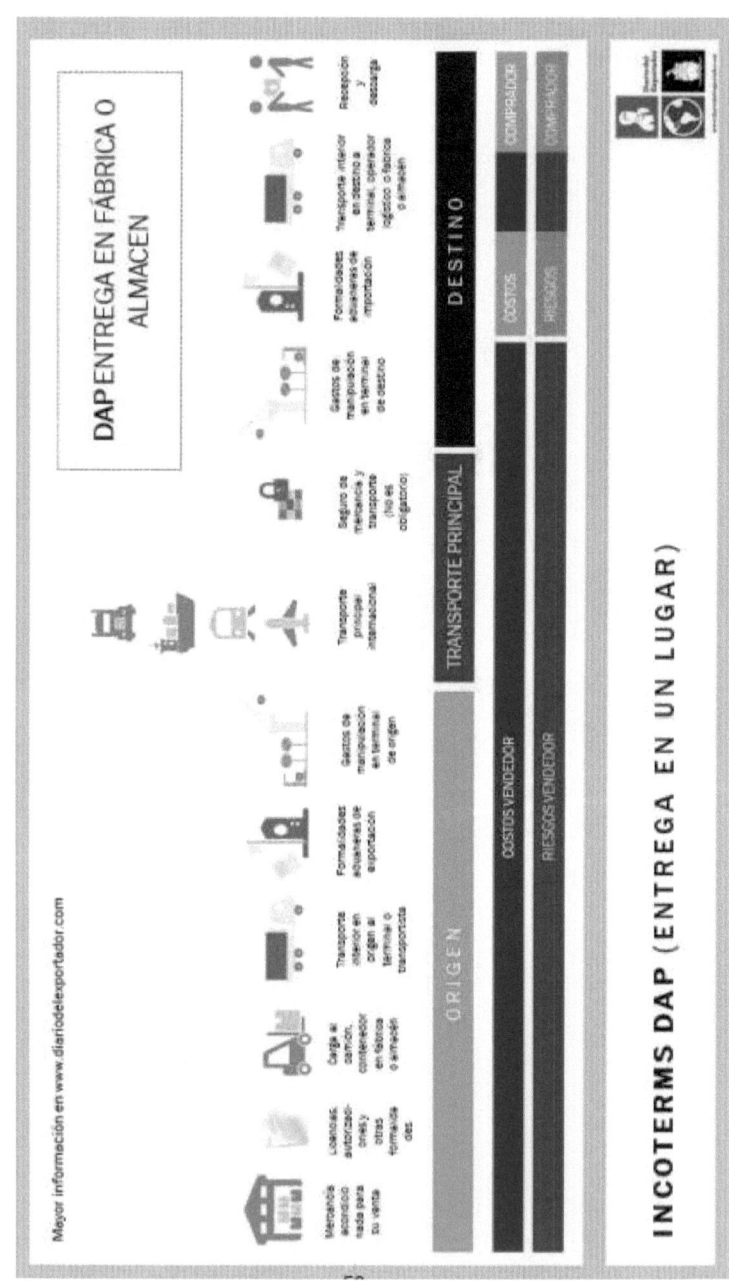

INCOTERMS DAP (ENTREGA EN UN LUGAR)

Incoterms DAP dans le contrat :

Le transfert des risques et la répartition des coûts logistiques et douaniers étant fonction du lieu de livraison, il est essentiel de spécifier le lieu de livraison des marchandises aussi clairement que possible dans le contrat et la facture pro forma. La Chambre de commerce internationale recommande la structure suivante : **Le terme Incoterms + lieu de livraison + Règle Incoterms 2020**

Exemple : DAP, Hong Kong par voie aérienne, Incoterms 2020

Notes et recommandations :

Compte tenu de la responsabilité et du trajet à couvrir par le vendeur, nous ne recommandons pas ce terme des Incoterms dans les pays en développement qui ne disposent pas d'une infrastructure optimale, où il existe une réelle possibilité de subir un quelconque revers, ce qui rend les dépenses très difficiles à contrôler. Dans ces cas, nous recommandons plutôt l'utilisation du CIP (s'il s'agit d'un transport multimodal) ou du CIF (s'il s'agit uniquement d'un transport maritime) lorsque le risque est transmis à l'origine et que la souscription d'une assurance des marchandises est obligatoire.

Le terme DPU signifie "Delivered at Place Unloaded". Dans une transaction de vente sous le terme DPU, le vendeur livre les marchandises lorsqu'il les met à la disposition de l'acheteur sur le moyen de transport d'arrivée, déchargées par ses propres moyens, et au point de destination convenu.

Le vendeur assume tous les risques liés à l'acheminement des marchandises jusqu'au point de destination désigné et à leur déchargement, ainsi que les coûts liés au dédouanement des exportations.

C'est le seul terme des Incoterms qui oblige le vendeur à décharger à destination.

Caractéristiques des Incoterms DPU.

Type de transport : Tout moyen de transport, y compris multimodal (conteneurs)

Lieu de livraison : dans les propres locaux de l'acheteur (usine ou entrepôt) dans le pays de destination ; ou dans un point intérieur du pays de destination.

Localisation des marchandises (chargement/déchargement) : Déchargement du moyen de transport que le vendeur a contracté pour amener les marchandises au lieu de livraison désigné par l'acheteur.

Document de livraison : Document de livraison signé par l'acheteur ; ou Document de livraison signé par le transporteur de l'acheteur.

Type de fret : Tout type de fret (général, complet et de groupage).

Location du transport principal : Vendeur.

Souscription d'une assurance transport : **il** n'y a aucune obligation pour l'une ou l'autre des parties. Toutefois, il est conseillé que le vendeur la contracte puisque c'est lui qui assume le risque dans le transport international.

Transfert des risques du vendeur à l'acheteur : lorsque les marchandises ont été déchargées du marché du transport contracté par le vendeur au lieu de destination désigné.

Inspection avant expédition : Acheteur, sauf si le pays du vendeur l'exige, auquel cas il sera aux frais de ce dernier.

Autorisation d'exportation : Vendeur.

Dédouanement à l'importation : Acheteur.

Moyens de paiement à utiliser : simples (virement, ordre de paiement, chèque, etc.)

Incoterms Obligations des parties en matière de DPU Vendeur :

- ☐ Aviser l'acheteur que les marchandises ont été déchargées à l'endroit convenu sur le lieu de destination.
- ☐ Mettre les marchandises à la disposition de l'acheteur, déchargées à l'endroit convenu, dans les délais et conditions établis.
- ☐ Payer tous les frais jusqu'à ce que les marchandises soient déchargées à l'endroit convenu, à l'exception des frais de dédouanement dans le pays de destination.
- ☐ Produire la preuve de la conformité ou la preuve de la livraison des marchandises et, lorsqu'il en a la charge, fournir à l'acheteur tous les documents produits en transit international nécessaires pour initier le dédouanement à destination, ou fournir une assistance pour les obtenir.
- ☐ Fournir une facture commerciale et une liste de colisage, ou un document électronique équivalent
- ☐ Aider l'acheteur, en assurant la disponibilité des services, des informations et des documents complémentaires ou supplémentaires pour le trafic international de marchandises.

Acheteur :

- ☐ Fournir des informations suffisantes au vendeur pour effectuer le transfert ou l'expédition de la cargaison.

- Recevoir les marchandises conformes, une fois qu'elles ont été déchargées à l'endroit convenu.
- Assumer tous les coûts et les risques du trafic international des marchandises qui sont générés depuis leur déchargement à l'endroit convenu à la destination.
- Recevoir les documents en conformité.
- Payez le prix des marchandises comme convenu.
- Payer les services ou documents supplémentaires demandés au vendeur.

Incoterms DPU coûts et risques :

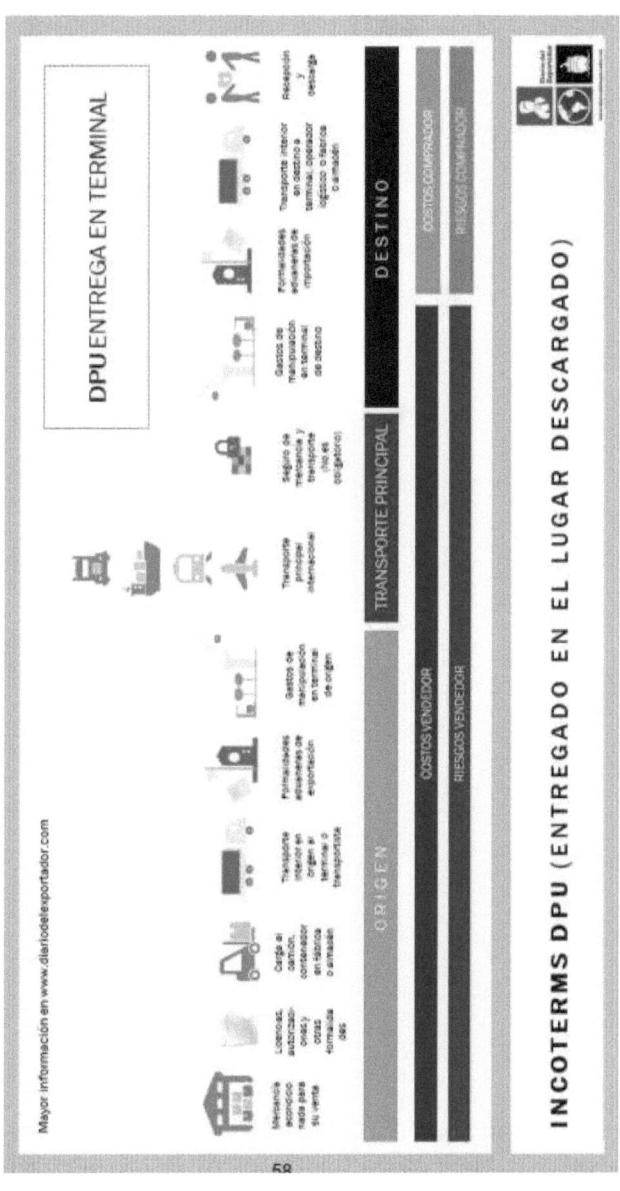

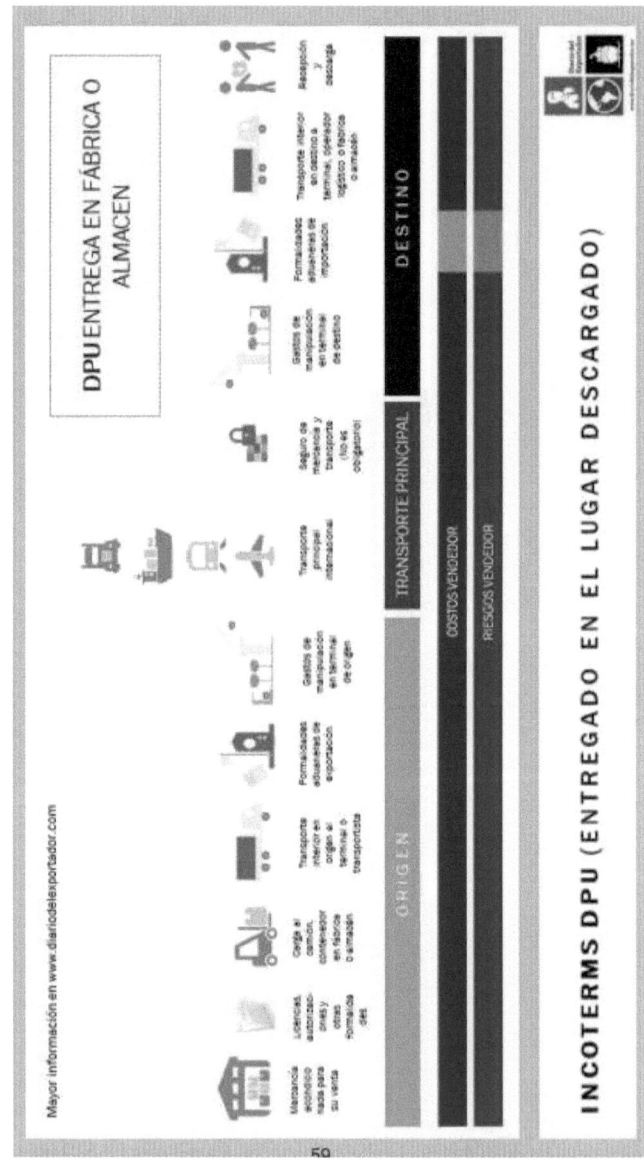

INCOTERMS DPU (ENTREGADO EN EL LUGAR DESCARGADO)

Incoterms DPU dans le contrat :

Le transfert des risques et la répartition des coûts logistiques et douaniers étant fonction du lieu de livraison, il est essentiel de spécifier le lieu de livraison des marchandises aussi clairement que possible dans le contrat et la facture pro forma. La Chambre de commerce internationale recommande la structure suivante : **Le terme Incoterms + lieu de livraison + Règle Incoterms 2020**

Exemple : DPU, Bloc C, TingDao Plaza, Dunhua Road No. 380, Qingdao City, Shandong Province Chine, Incoterms 2020

Notes et recommandations :

L'Incoterms DPU est destiné aux entreprises qui veulent contrôler la chaîne logistique de l'origine à la destination en raison des particularités de leur activité ou de leur marchandise, ou lorsqu'elles doivent effectuer la mise en œuvre de la marchandise vendue dans les installations de l'acheteur.

Comme pour le DAP, compte tenu de la responsabilité et du trajet à parcourir par le vendeur, nous ne recommandons pas ce terme dans les pays dont les infrastructures de transport et de télécommunications sont sous-développées, où il existe une réelle possibilité de subir un quelconque revers, ce qui rend les coûts très difficiles à contrôler.

Dans ces cas, nous recommandons plutôt l'utilisation du CIP (s'il s'agit d'un transport multimodal) ou du CIF (s'il s'agit uniquement d'un transport maritime) lorsque le risque est transmis à l'origine et qu'il est obligatoire de contracter une assurance des marchandises (en tenant compte de la couverture différente qui s'applique à partir de la version des INCOTERMS 2020).

De même, nous ne recommandons pas l'utilisation de ces Incoterms, même dans les pays beaucoup plus développés, si nous n'avons pas la sécurité à 100% de disposer de moyens et de personnel suffisants pour effectuer le déchargement des marchandises à destination, en raison des coûts supplémentaires et des risques de dommages aux marchandises qui peuvent être causés.

Le terme DDP signifie "Delivered Duty Paid". Dans une transaction de vente sous le terme DDP, le vendeur livre la marchandise, dédouanée à l'importation sur le moyen de transport d'arrivée, prête à être déchargée au lieu de destination désigné. Le vendeur assume tous les risques liés à l'acheminement des marchandises jusqu'au terminal du port ou du lieu de destination désigné et à leur déchargement, ainsi que les coûts liés au dédouanement à l'exportation et à l'importation.

Caractéristiques des Incoterms DDP :

Type de transport : Tout moyen de transport, y compris multimodal (conteneurs)

Lieu de livraison : dans les propres locaux de l'acheteur (usine ou entrepôt) dans le pays de destination ; ou dans un point intérieur du pays de destination.

Emplacement des marchandises (chargement/déchargement) : Prêtes à être déchargées au lieu de livraison désigné par l'acheteur.

Document de livraison : Document de livraison signé par l'acheteur ; ou Document de livraison signé par le transporteur de l'acheteur.

Type de fret : Tout type de fret (général, complet et de groupage).

Location du transport principal : Vendeur.

Souscription d'une assurance transport : il n'y a aucune obligation pour l'une ou l'autre des parties. Toutefois, il est conseillé que le vendeur la contracte puisque c'est lui qui assume le risque dans le transport international.

Transfert des risques du vendeur à l'acheteur : lorsque les marchandises sont livrées prêtes à être déchargées du moyen de transport au lieu de destination désigné.

Inspection avant expédition : Vendeur. **Autorisation d'exportation :** Vendeur.
Autorisation d'importation : Vendeur.
Moyens de paiement à utiliser : simples (virement, ordre de paiement, chèque, etc.)

Incoterms DDP obligations des parties.

Vendeur :

☐ Aviser l'acheteur que les marchandises ont été dédouanées et sont arrivées à l'endroit convenu sur le lieu de destination.

☐ L'acheteur n'est pas tenu de décharger les marchandises à l'endroit convenu, une fois le processus de dédouanement terminé, au lieu de destination, dans les délais et conditions établis.

☐ Payer tous les frais jusqu'à la livraison des marchandises à l'acheteur, y compris les frais de dédouanement dans le pays de destination.

☐ Remettre les documents originaux des marchandises.

☐ Gérer l'exportation des marchandises à l'origine et gérer l'importation des marchandises à destination

Acheteur :

☐ Fournir des informations suffisantes au vendeur pour effectuer le transfert ou l'expédition de la cargaison.

☐ Recevoir les marchandises conformes, une fois qu'elles ont été admises au lieu de destination et qu'elles sont disponibles au lieu convenu.

☐ Vérifier les marchandises et les recevoir en conformité.

☐ Recevoir les documents ou reçus conformes.

☐ Fournir des documents locaux supplémentaires ou complémentaires pour l'admission des marchandises au lieu de destination. (si nécessaire)

Incoterms DDP coûts et risques :

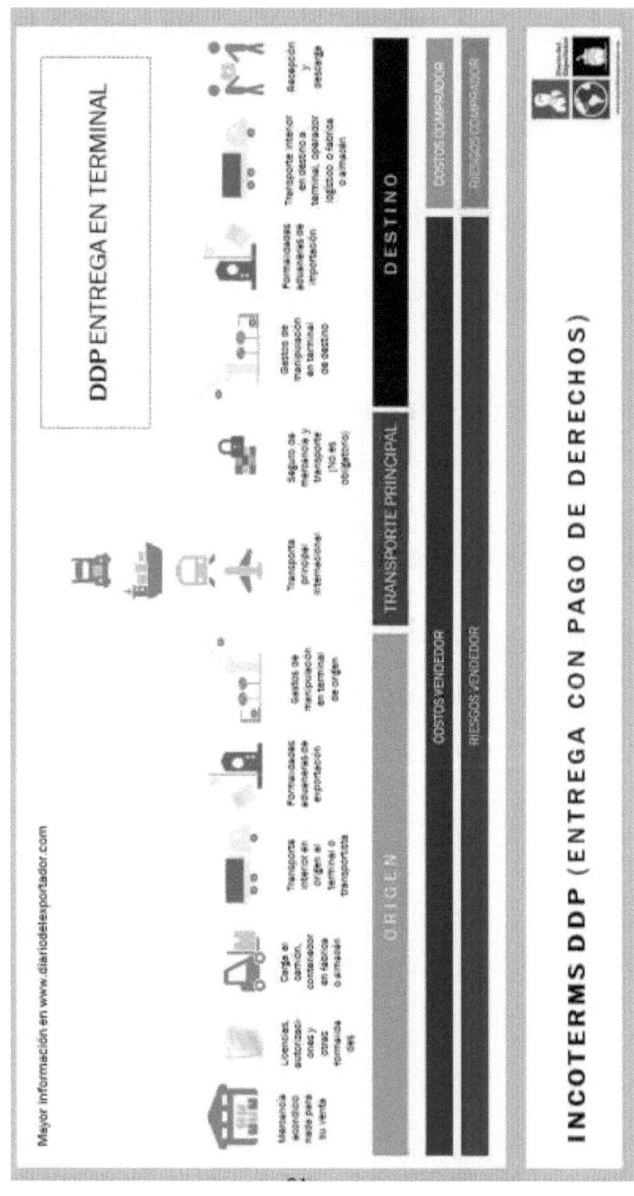

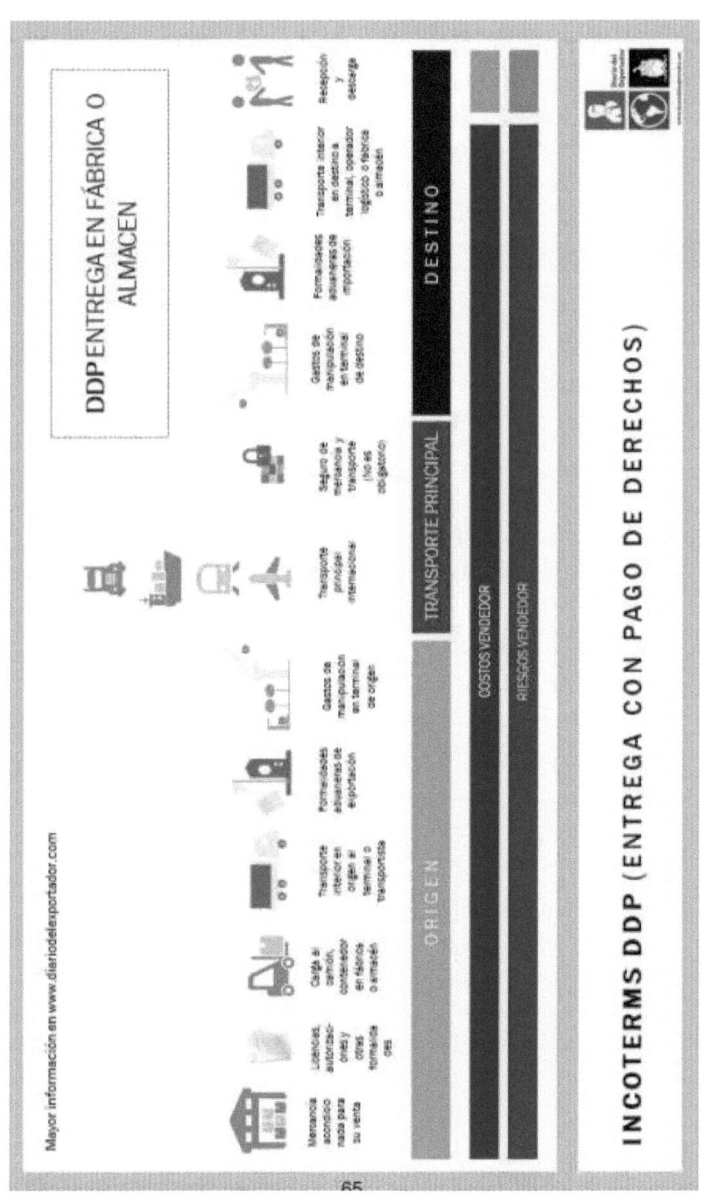

INCOTERMS DDP (ENTREGA CON PAGO DE DERECHOS)

DDP Incoterms dans le contrat :

Le transfert des risques et la répartition des coûts logistiques et douaniers étant fonction du lieu de livraison, il est essentiel de spécifier le lieu de livraison des marchandises aussi clairement que possible dans le contrat et la facture pro forma. La Chambre de commerce internationale recommande la structure suivante : *Le terme Incoterms + lieu de livraison + Règle Incoterms 2020*

Exemple : DDP, Francfort, Allemagne, Schmidt GmbH Warehouse 4, Incoterms 2020

Notes et recommandations :

Le DDP comporte le plus grand risque et la plus grande responsabilité pour le vendeur, car non seulement il l'oblige à assumer le coût du transport et le risque depuis l'origine jusqu'à l'entrepôt de l'acheteur à destination, mais il doit également gérer et payer les formalités douanières et les taxes correspondantes dans le pays de destination. La seule chose qui ne l'oblige pas est de décharger la marchandise à l'entrepôt de destination.

En outre, si l'entreprise du vendeur n'est pas établie dans le pays de destination, les taxes qui peuvent être déductibles, comme c'est le cas de la TVA en Équateur, deviennent des coûts qui augmentent le prix des marchandises sans nécessité.

En raison des points ci-dessus, en plus de ce que nous avons commenté avec les Incoterms DAP, nous recommandons aux exportateurs d'éviter ces Incoterms lorsqu'ils vendent à des pays tiers tant que la destination des marchandises n'est pas un pays qui permet un contrôle à 100% des coûts de transport.

En général, nous recommandons plutôt l'utilisation du CIP (s'il s'agit d'un transport multimodal) ou du CIF (s'il s'agit uniquement d'un transport maritime) lorsque le risque est transmis à l'origine. Dans le cas de l'option DDP, puisque nous assumons le risque jusqu'à destination, il sera commode pour le vendeur de contracter une assurance sur les marchandises, bien qu'il ne soit pas obligé de le faire.

Résumé :

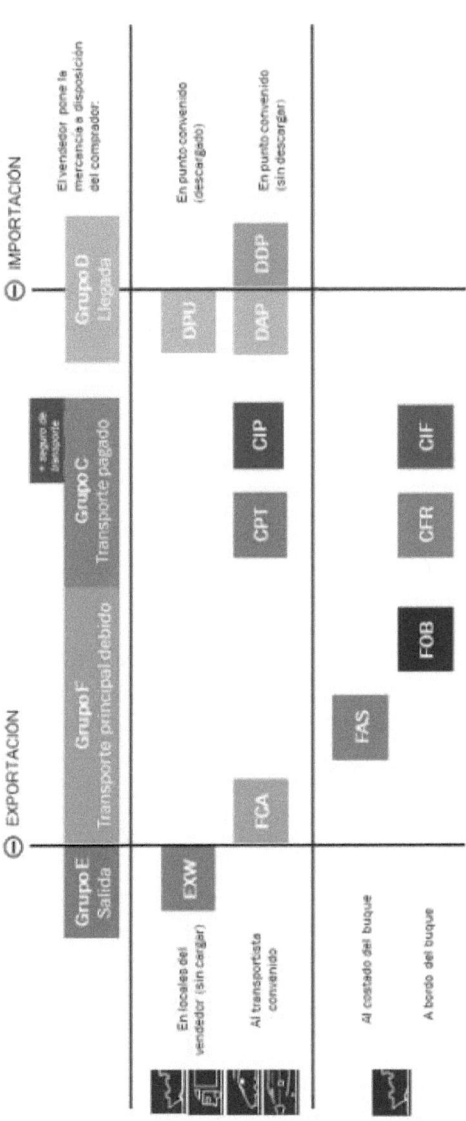

INCOTERMS 2020 – DISTRIBUCIÓN DE COSTOS Y RIESGOS

Mayor información en www.diariodelexportador.com

63

Les règles des Incoterms 2020 sont un ensemble de termes de trois lettres régissant les responsabilités des entreprises dans les contrats de vente de biens, acceptés par les gouvernements, les hommes d'affaires et les professionnels du monde entier pour l'interprétation des termes les plus courants utilisés dans le commerce international. Les règles des Incoterms régissent les points suivants :

- ☐ Quand et où se termine le transfert de risque.
- ☐ les marchandises, du vendeur à l'acheteur.
- ☐ Le lieu de livraison des marchandises.
- ☐ Qui engage et paie les frais de transport et d'assurance
- ☐ Quels sont les documents que chaque partie doit traiter.

Il convient de noter que les règles INCOTERMS ne sont pas éternelles, mais sont régulièrement mises à jour par la Chambre de commerce internationale. Dans cette dernière mise à jour de 2020, on peut dire que les modifications sont minimes puisqu'il y a un changement de nom de DAT (Delivered At Terminal) à DPU (Delivered at Place Unloaded), apparemment en raison du peu d'usage que les entreprises en ont fait et de la vision restrictive que le concept de "Terminal" supposait, malgré le fait qu'il était indiqué dans la version 2010 qu'il ne se référait pas seulement aux terminaux maritimes. DPU s'adresse aux entreprises chargées de la vente à l'unité ou de marchandises très sensibles qui nécessitent un contrôle de l'ensemble de la chaîne logistique, du chargement à l'origine au déchargement et à l'exploitation à destination (à l'exception des formalités douanières et du paiement des taxes à destination).

Toutefois, outre le changement de DAT en DPU, des changements mineurs ont été apportés au CIP/CIF et au FCA. Dans le CIP/CIF, il y a des modifications dans la couverture d'assurance : jusqu'à présent, il était obligatoire de souscrire une police avec au moins la couverture ICC "C" dans les deux cas. Avec la mise en œuvre des INCOTERMS 2020, si nous acceptons d'expédier dans des conditions CIP, la couverture doit être ICC "A" (ce qu'on appelle "tous risques en mer") tandis que si l'expédition est effectuée dans des conditions CIF, l'obligation de souscrire au moins une couverture ICC "C" (en dessous de la classe "A") demeure.

En ce qui concerne la CAF, la version 2020 prévoit la possibilité, en cas de transport maritime, que l'acheteur donne instruction au transporteur (compagnie maritime ou son agent) qu'il a engagé d'émettre un connaissement (B/L) au nom du vendeur avec la mention "à bord", qui indique que les marchandises ont été chargées à bord du navire. Il s'agit du document de transport le plus couramment utilisé dans le cadre des lettres de crédit pour justifier la livraison des marchandises et donc effectuer le paiement au vendeur.

Les autres changements sont de moindre importance, plus "formels" et concernent la présentation des informations, la relation des coûts, l'obligation du vendeur ou de l'acheteur, lorsqu'elle est indiquée par le terme INCOTERMS, de contracter le transport (ce qui était indiqué jusqu'à présent) ou de le fournir par ses propres moyens (nouveauté des INCOTERMS 2020 s'ils disposent de leur propre flotte qui ne nécessite pas de contracter avec des tiers), l'inclusion d'exigences découlant de la sécurité des transports de manière générique (par exemple, les MGV) ou l'inclusion de notes explicatives qui, jusqu'à présent, n'existaient pas.

Dans la version actuelle 2020, les règles des Incoterms sont composées de 11 termes et sont divisées en Incoterms pour tout mode de transport ou polyvalent (EXW, FAC, CPT, CIP, DAP, DPU et DDP) et pour le transport maritime et fluvial (FAS, FOB, CFR et CIF), dont chacun est brièvement expliqué ci-dessous :

Incoterms EXW :

Les obligations du vendeur/exportateur prennent fin lorsque les marchandises sont mises à la disposition de l'acheteur/importateur dans ses locaux, moment auquel tous les coûts sont transférés à l'acheteur, ce dernier étant exonéré de toute responsabilité, tant pour le chargement des marchandises que pour les formalités douanières d'exportation. Mode de transport : polyvalent.

Le terme EXW implique des obligations minimales, cependant, en ne contrôlant pas le dédouanement, nous pouvons avoir des difficultés à obtenir les documents qui justifient l'exportation. Ces documents (DAU) sont nécessaires pour justifier l'opération et n'ont pas de problèmes avec les autorités fiscales (TVA ou IGV).

Par conséquent, je recommande d'utiliser le système EXW pour les opérations entre pays d'une même union économique ou douanière (Union européenne) ou entre des États ou des régions d'un pays où il n'existe pas de procédures douanières ; ou lorsque le transport est de type Courrier (le colis est normalement chargé par le même transporteur dans son véhicule car il est généralement de petite taille).

Incoterms FCA :

FCA est un terme très polyvalent. Nous pouvons utiliser FCA Factory ou FCA Terminal (port, aéroport, etc.).

FCA Factory (locaux du vendeur) : doit être utilisé pour les chargements complets (remorque ou conteneur). Le vendeur doit charger les marchandises dans le transport et, à partir de ce moment, les marchandises deviennent la responsabilité de l'acheteur. Le terme FCA Factory remplace parfaitement le terme EXW, car il résout les risques et les problèmes qu'il cause au vendeur.

Terminal FCA (autre lieu désigné par l'acheteur) : ne doit être utilisé que pour les chargements fractionnés. Le vendeur doit livrer les marchandises uniquement à l'endroit désigné. Le déchargement des marchandises et leur manutention ultérieure ainsi que leur consolidation dans un autre transport sont aux frais et aux risques de l'acheteur.

Utilisez ce terme si l'acheteur obtient de meilleurs prix de fret ou si notre connaissance du commerce international est faible.

Lorsque des mécanismes de paiement documentaire sont inclus dans la transaction commerciale, l'acheteur peut demander au transporteur d'émettre le B/L marqué "à bord" afin que le vendeur puisse le présenter à la banque.

Incoterms FAS :

La livraison a lieu dans le pays d'origine, lorsque le vendeur laisse la marchandise sur le quai du port et que le dédouanement à l'exportation est déjà effectué. À cet endroit, la responsabilité du vendeur pour les dommages ou la perte des marchandises prend fin et l'acheteur est donc responsable. Cela n'inclut pas l'embarquement des marchandises à bord du navire.

FOB Incoterms :

La livraison a lieu dans le pays d'origine, lorsque le vendeur laisse la marchandise dans la cale du navire, chargée et arrimée, et avec le dédouanement à l'exportation déjà effectué.

La responsabilité du vendeur pour tout dommage ou perte des marchandises est transférée à l'acheteur une fois que les marchandises ont été déclarées à bord du navire, ce qui implique que le transporteur a la garde et le contrôle des marchandises.

Incoterms CFR :

Le transport principal est payé par le vendeur, mais le risque sur ce trajet est celui de l'acheteur. L'acheteur doit savoir que l'assurance des marchandises est à ses frais. La livraison a lieu lorsque les marchandises sont placées à bord du navire, comme en FOB, avec la différence substantielle qu'avec le CFR, le vendeur doit contracter un transport international et payer le fret.

Incoterms CIF

Le transport principal est payé par le vendeur, mais l'irrigation dans ce tronçon est à la charge de l'acheteur. L'assurance des marchandises est payée par le vendeur, qui doit désigner l'acheteur comme bénéficiaire. La livraison a lieu lorsque les marchandises sont placées à bord du navire.

Le vendeur est tenu de souscrire une assurance avec une couverture minimale en faveur de l'acheteur (ICC C). Toutefois, d'autres couvertures peuvent être mises en place par accord préalable avec l'acheteur. Il est également courant de couvrir 110 % du coût total de la transaction.

CPT Incoterms :

Le transport principal est payé par le vendeur, mais le risque sur ce trajet est celui de l'acheteur. S'il y a plusieurs transporteurs, c'est lorsqu'il est livré au 1er transporteur au point choisi par le vendeur, sur lequel l'acheteur n'a aucun contrôle. Précisez dans le contrat si vous souhaitez que le risque soit transféré à un stade ultérieur.

Incoterms CIP :

Le transport principal et l'assurance sont payés par le vendeur, mais le risque sur ce trajet est celui de l'acheteur. Il est important que l'acheteur sache que l'assurance des marchandises est la responsabilité du vendeur, mais que ce dernier assume le risque à partir du moment où les marchandises quittent le pays d'origine, lorsqu'elles sont livrées au transporteur principal. Le vendeur doit désigner l'acheteur comme bénéficiaire de l'assurance.

Le vendeur est tenu de souscrire une assurance avec une couverture maximale en faveur de l'acheteur (ICC A). Toutefois, d'autres couvertures peuvent être mises en place par accord préalable avec l'acheteur. Il est également courant de couvrir 110 % du coût total de la transaction.

Et tout comme le terme CPT dans le cas de plusieurs transporteurs, il se produit lorsqu'il est livré au 1er transporteur au point choisi par le vendeur, sur lequel, l'acheteur n'a aucun contrôle. Précisez dans le contrat si vous souhaitez que le risque soit transféré à un stade ultérieur.

DAP Incoterms :

La livraison est effectuée partout dans le pays de destination, mais toujours par véhicule (usine DAP, transporteur DAP, etc.) et sans dédouanement à l'importation.

Compte tenu de la responsabilité et du trajet à parcourir par le vendeur, nous ne recommandons pas cet INCOTERM dans les pays en développement, où il existe une réelle possibilité de subir un quelconque revers, ce qui rend les dépenses très difficiles à contrôler.

Incoterms DPU :

La livraison des marchandises a lieu dans le pays de destination sans dédouanement à l'importation, au point de destination convenu. C'est la seule règle des Incoterms qui oblige le vendeur à décharger à destination.

Cet Incoterms est conçu pour les entreprises qui veulent contrôler la chaîne logistique de l'origine à la destination en raison des particularités de leur activité ou de leurs marchandises, ou lorsqu'elles doivent effectuer la mise en œuvre des marchandises vendues dans les installations de l'acheteur.

Comme pour le DAP, compte tenu de la responsabilité et du trajet à parcourir par le vendeur, nous ne recommandons pas cet Incoterms dans les pays dont les infrastructures de transport et de télécommunications sont sous-développées, où il existe une réelle possibilité de subir un quelconque revers, entraînant des dépenses très difficiles à contrôler.

Incoterms DDP :

La livraison est effectuée partout dans le pays de destination, mais toujours par véhicule (usine DDP, transporteur DDP, etc.). Les tarifs et les taxes internes sont inclus dans le prix DDP.

Il est conseillé d'utiliser le DDP pour les marchandises de faible valeur lorsque le transport utilisé est de type Courrier. L'objectif est de fournir un service rapide au client qui a une urgence, comme l'envoi d'une pièce pour une machine que l'acheteur a arrêtée. L'objectif est que la pièce arrive rapidement afin que l'usine puisse continuer à fonctionner. Ici, l'important n'est pas le coût mais l'urgence de l'envoi.

COSTOS	EXW	FCA	CPT	CIP	DAP	DPU	DDP	FAS	FOB	CFR	CIF
- Embalaje y verificación	V	V	V	V	V	V	V	V	V	V	V
- Carga transporte interior	C	V/C	V	V	V	V	V	V	V	V	V
- Transporte interior origen	C	C	V	V	V	V	V	V	V	V	V
- Trámites de exportación	C	V	V	V	V	V	V	V	V	V	V
- THC en terminal origen	C	C	V	V	V	V	V	C	C	V	V
- Flete marítimo	C	C	V	V	V	V	V	C	C	V	V
- Seguro de transporte	(C)	(C)	(C)	V	(V)	(V)	(V)	(C)	(C)	(C)	V
- THC en terminal destino	C	C	C	C	V	V	V	C	C	C	C
- Trámites de importación	C	C	C	C	C	C	V	C	C	C	C
- Transporte interior destino	C	C	V/C	V/C	V	V	V	C	C	C	C
- Descarga lugar de destino	C	C	C	C	C	C	C	C	C	C	C

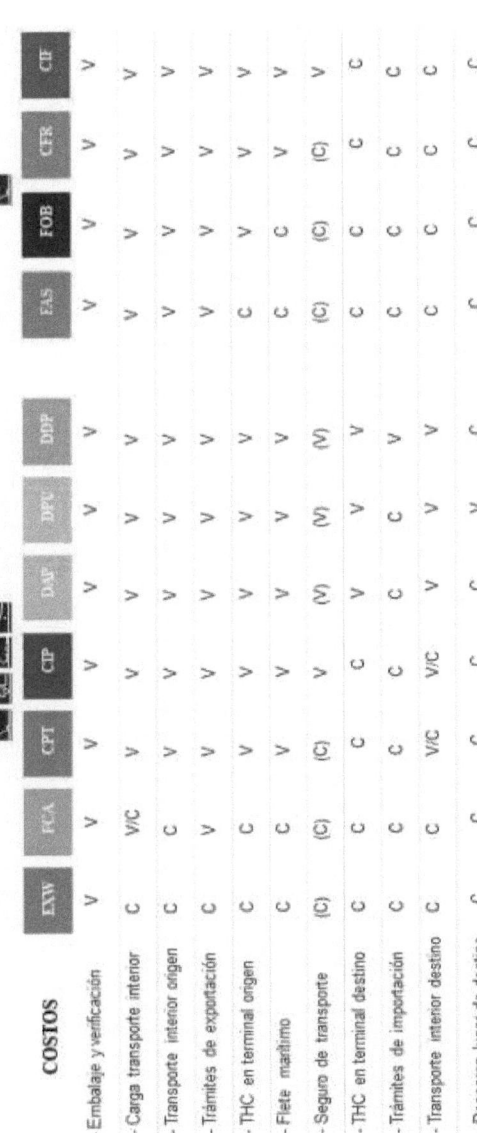

( ) Contrato de seguro de transporte opcional

INCOTERMS 2020 – DISTRIBUCIÓN DE COSTOS Y RIESGOS

Mayor información en www.diariodelexportador.com

Recommandations sur l'utilisation des règles Incoterms® 2020

Les incoterms sont un recueil de termes commerciaux normalisés reconnus au niveau international, publié par la Chambre de commerce internationale (CCI) et largement utilisé dans les ventes nationales et internationales.

En septembre 2019, ICC a publié la dernière version : Incoterms 2020, et les nouvelles règles sont entrées en vigueur le 1er janvier 2020. Les modifications apportées aux Incoterms 2020 depuis l'édition 2010 sont largement présentées et expliquées. Les changements de fond comprennent :

Un changement du terme FCA (Free Carrier) Populaire dans le commerce des conteneurs, où le vendeur livre légalement les marchandises à l'acheteur avant qu'elles ne soient chargées sur un navire et ne peut donc pas recevoir de connaissement du transporteur, qui exige un paiement par lettre de crédit. Les Incoterms FCA 2020 contiennent désormais une option en vertu de laquelle l'acheteur accepte de donner instruction au transporteur d'émettre le connaissement au vendeur.

Sous le terme CIP (Carriage and Insurance Paid), le vendeur doit désormais obtenir un niveau d'assurance plus élevé pour ses marchandises. Dans le cadre des Incoterms 2010, un vendeur de CIP était tenu de souscrire une assurance cargo selon les termes des Clauses Cargo (C) de l'Institut, qui couvrent un nombre limité de risques. Dans le cadre des Incoterms 2020, un vendeur de CIP doit souscrire une assurance sur les clauses de fret (A) de l'Institut, qui est une police "tous risques" avec certaines exclusions.

Le terme "DAT" a été remplacé par "DPU", reflétant le fait que la destination d'une livraison peut être n'importe où et pas seulement un terminal. Bien entendu, le lieu de livraison, si ce n'est un terminal, doit être adapté au déchargement des marchandises.

Il est pratique que les acheteurs et les vendeurs tiennent compte de ces changements dans les Incoterms 2020, il est également recommandé de tenir compte des points suivants lors de l'adoption des Incoterms 2020 dans leurs activités.

Utilisation des Incoterms dans les documents :

Il est important de savoir que Incoterms® n'est pas un nom générique pour un terme commercial international, mais une marque déposée utilisée pour marquer les règles conçues par la Chambre de commerce internationale

(CCI). Il est donc extrêmement important d'utiliser les Incoterms® de la bonne manière : ce qui signifie que vous devez toujours utiliser la notation exacte suivante :

☐ Le nom de la règle Incoterms® choisie,

☐ Le port désigné, le lieu de destination ou le point convenu

☐ Incoterms

☐ Année d'émission

Une notation correcte l'est donc :

☐ FCA 33 Avenue Président Wilson, Paris, France, Incoterms® 2020

☐ DAP N0 123, ABC Street, Portland, Incoterms® 2020

☐ FOB Rotterdam, Incoterms® 2020

☐ CIF Shanghai, Incoterms® 2020

Précision au lieu de livraison ou de destination :

Essayez d'être aussi précis que possible en indiquant le lieu de livraison à l'origine ou à destination, selon les Incoterms choisis. Les responsabilités et les obligations de l'acheteur et du vendeur seront ainsi clairement établies. Par exemple : FCA 33 Avenue Président Wilson, Paris, France, Incoterms® 2020.

Délai de livraison dans les conditions EXW :

En cas d'utilisation des Incoterms EXW, il précise dans les conditions de vente la période de jours pendant laquelle l'acheteur doit charger dans l'entrepôt du vendeur. Le moment de la livraison dans le cadre des Incoterms EXW intervient lorsque le vendeur met les marchandises à la disposition de l'acheteur dans son entrepôt. La fixation d'une date maximale exonère le vendeur du risque de détérioration de la marchandise si l'acheteur a pris un retard excessif pour venir la chercher dans son entrepôt.

FOB dans l'air ?

Les Incoterms FOB, comme nous le savons, sont exclusifs pour le transport maritime. Par conséquent, la bonne chose à faire dans le cas des expéditions aériennes est d'utiliser "FCA Marchandise chargée à bord d'un avion".

Livraison et risque dans le groupe C des Incoterms :

Les Incoterms du groupe C (CIF, CFR, CIP, CPT) sont des contrats d'expédition, et non des contrats d'arrivée ou de livraison à destination. La livraison a lieu à l'origine, comme pour les Incoterms du groupe F. La responsabilité des marchandises pendant le transport principal incombe à l'acheteur, c'est donc lui qui assume le risque des marchandises depuis le moment de la livraison à l'origine jusqu'à la destination.

Précisez le délai de livraison dans les Incoterms CPT/CIP :

Dans les Incoterms CPT/CIP, le vendeur livre les marchandises au transporteur principal à un lieu de livraison convenu et paie le fret jusqu'au lieu de destination convenu. Le transfert de risque se produit après le chargement à l'origine, même si le vendeur paie le transport jusqu'à un point convenu à destination. Pour cette raison, il est conseillé de préciser le moment de la livraison à l'origine afin de délimiter les responsabilités en matière de risque des marchandises. Par exemple : CIP Veracruz, Calle del Coronel 32 (livraison à la Plaza Mayor 10, Cuenca, Espagne). Incoterms® 2020.

Assurance des marchandises dans les Incoterms CIP/CIF :

Pour les ventes avec des conditions CIF ou CIP, la couverture d'assurance et sa portée géographique et temporelle doivent être précisées, c'est-à-dire où et quand elle commence et finit. Dans ce cas, une assurance spécifique doit être souscrite pour chaque voyage et 110 % de la valeur CAF, et les polices globales et l'assurance responsabilité civile des moyens de transport ne sont pas valables. Selon la récente publication des Incoterms 2020, il est obligatoire de contracter une assurance minimum avec la clause C de l'IC pour la durée CIF et la clause A de l'IC pour la durée CIP.

Clause de réserve de propriété dans les contrats :

Comme les Incoterms ne reflètent pas le transfert de propriété des biens, n'oubliez pas d'inclure la clause de réserve de propriété dans les contrats, les bons de commande ou les factures commerciales.

Par exemple : "L'entreprise acheteuse X indiquée sur cette facture deviendra propriétaire des marchandises lorsqu'elle aura démontré le paiement intégral.

Index